Impressum
Verlag: BABADADA GmbH, Nedderfeld 112 , 22529 Hamburg
Geschäftsführer / Verlagsleitung: Harald Hof
Druck: Books on Demand GmbH, In de Tarpen 42, 22848 Norderstedt

Imprint
Publisher: BABADADA GmbH, Nedderfeld 112 , 22529 Hamburg, Germany
Managing Director / Publishing direction: Harald Hof
Print: Books on Demand GmbH, In de Tarpen 42, 22848 Norderstedt

colegio
ikigo c' amashure

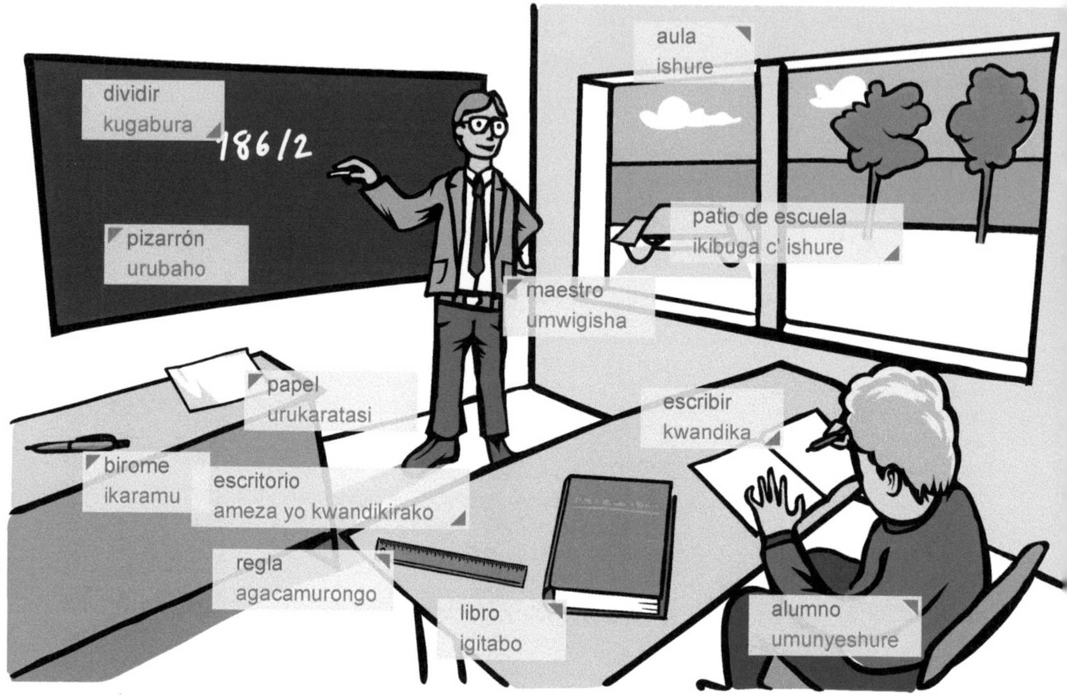

aula
ishure
dividir
kugabura
186/2
pizarrón
urubaho
patio de escuela
ikibuga c' ishure
maestro
umwigisha
papel
urukaratasi
escribir
kwandika
birome
ikaramu
escritorio
ameza yo kwandikirako
regla
agacamurongo
libro
igitabo
alumno
umunyeshure

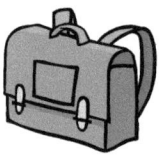

mochila

isakoshi y'' ishure

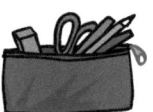

caja de lápices

agasaho k' amakaramu

lápiz

ikaramu y igiti

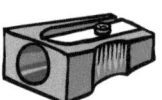

sacapuntas

agasongozo k ikaramu y igiti

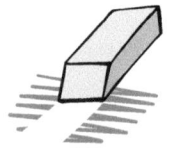

goma (de borrar)

igome

bloc de dibujo

ikaye yo gucapamwo

dibujo

igicapo

pincel

ikaramu bacapisha irangi

caja de pinturas

agasandugu kamabara

tijera

imikasi

pegamento

kore

cuaderno de ejercicios

ikaye y' imyimenyerezo

tarea

imyimenyerezo yo muhira

número

igiharuro

sumar

guteranya

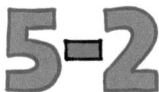

restar

gukuramwo

multiplicar

kugwiza

calcular

guharura

letra

urudome

abecedario

indome

palabra

ijambo

texto

igisomwa

leer

gusoma

tiza

ingwa

lección

icigwa

cuaderno de clase

igitabo c' ishure

examen

ikibazo

certificado

impamyabushobozi

uniforme escolar

impuzu y' ishure

educación

kwiga

enciclopedia

kazinduzi

universidad

kaminuza

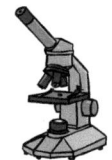

microscopio

mikorosikopi

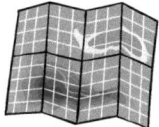

mapa

ikarata

tacho (de basura)

agaseke bajugunyamo
amakaratasi

colegio - ikigo c' amashure

viaje
urugendo

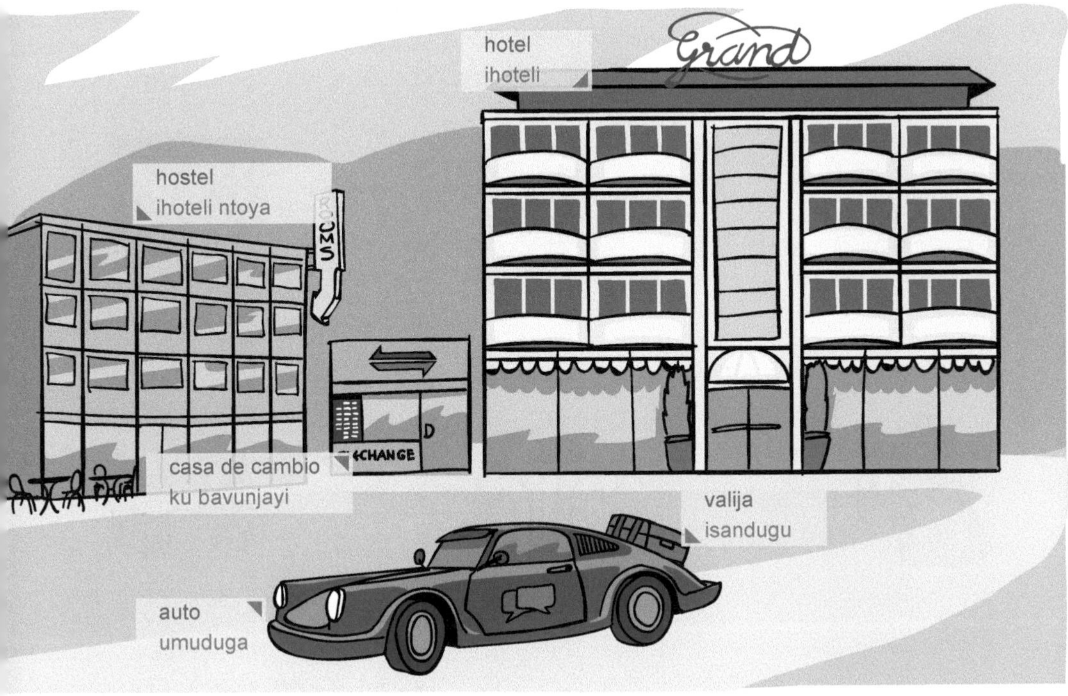
hotel
ihoteli
hostel
ihoteli ntoya
casa de cambio
ku bavunjayi
valija
isandugu
auto
umuduga

idioma
ururimi

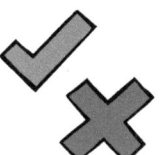

sí / no
ego / oya

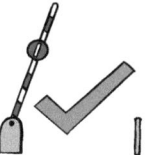

Está bien
ego

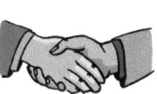

hola
amahoro!

traductor
umuntu asigura

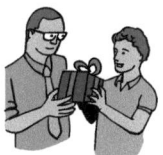

Gracias
ndashimye

¿cuánto cuesta...?

ni angahe?

No entiendo

sindabitahura

problema

ingorane

¡Buenas tardes!

mwiriwe!

¡Buenos días!

mwaramutse

¡Buenas noches!

ijoro ryiza!

adiós

nakagaruka

dirección

inzira

equipaje

imizigo

bolso

igapo

mochila

isaho baheka mu mugongo

invitado

umushitsi

habitación

icumba

bolsa de dormir

umufuko wo kuraramo mu rugendo

carpa

ihema

información turística

kumenyesha ingenzi

playa

ku musenyi

tarjeta de crédito

ikarata y' amahera

desayuno

ifunguro rya mugatondo

almuerzo

ifunguro ryo ku murango

cena

ifunguro ry 'ijoro

pasaje

itike

ascensor

ingazi y' umuyagankuba

sello

umukono

frontera

umupaka

aduana

duwane

embajada

ubuserukizi bw' igihugu

visa

viza

pasaporte

pasiporo

transporte

gutwara abantu n' ibintu

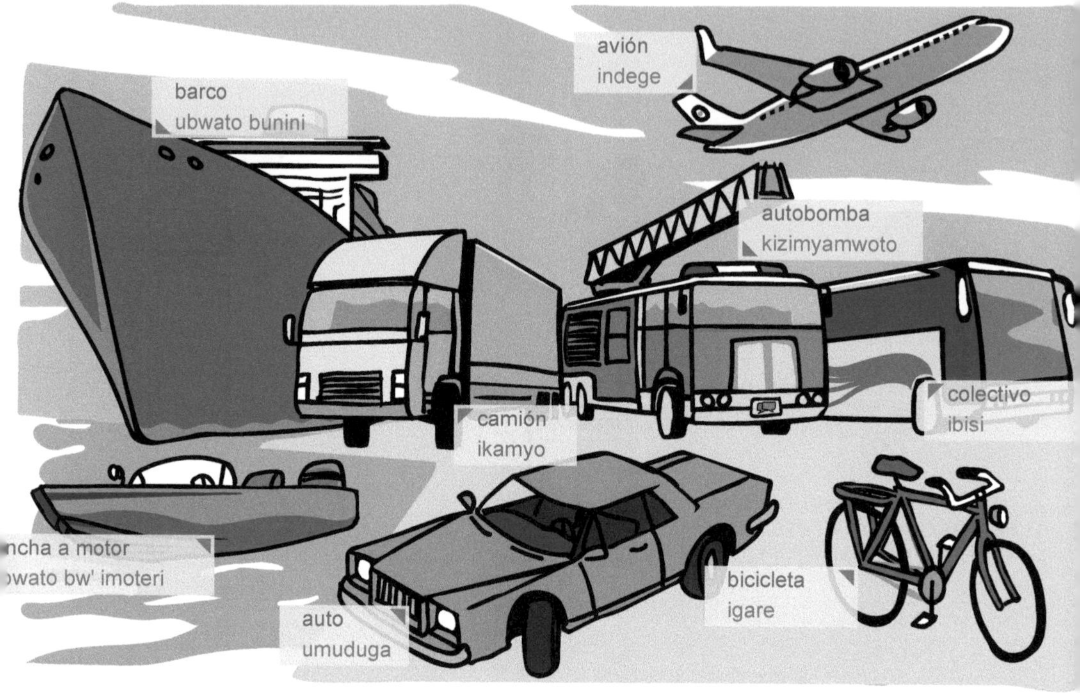

avión
indege
barco
ubwato bunini
autobomba
kizimyamwoto
camión
ikamyo
colectivo
ibisi
ncha a motor
wato bw' imoteri
auto
umuduga
bicicleta
igare

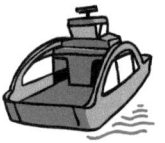

ferry

ubwato bunini

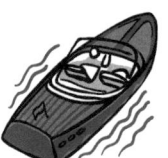

bote

ubwato

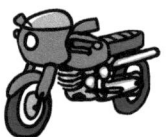

moto

ipikipiki

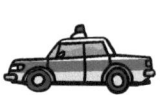

patrullero

umuduga w' igipolisi

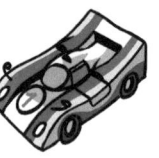

auto de carreras

umuduga wa kuruse

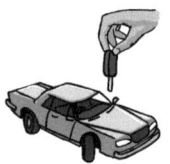

auto de alquiler

umuduga bakodesha

alquiler de autos

gukoresha imodoka imwe
muri benshi

grúa

uruduga ruheka izindi

camión de basura

umuduga utwara umucafu

motor

imoteri

nafta

igitoro

estación de servicio

ubunywero bw'ibitoro

señal de tránsito

ibirango vyo ku mabarabara

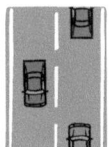

tránsito

uruja n' uruza

embotellamiento

akajagari k' imiduga mw'
ibarabara

estacionamiento

igituro c' imiduga

estación de tren

igituro ca gari ya moshi

vías

ibarabara rya gari ya moshi

tren

gari ya moshi

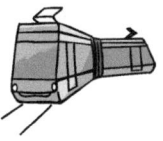

tranvía

gari ya moshi bita tram

vagón

igipande ca gari ya moshi

helicóptero

kajugujugu

aeropuerto

ikibuga c' indege

torre

umunara

pasajero

ingenzi

contenedor

konteneri

caja de cartón

ikarato

carretilla

isharete

canasta

icibo

despegar / aterrizar

kuguruka / kugwa

ciudad

igisagara

pueblo

umutumba

centro de ciudad

hagati mu gisagara

casa

inzu

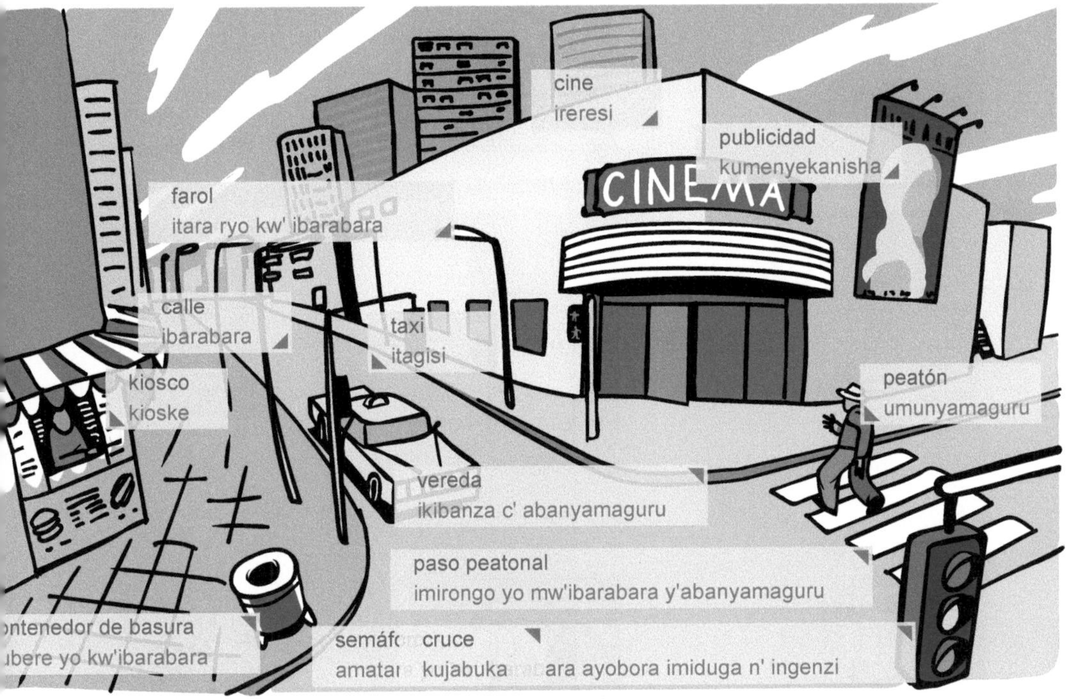

cine
ireresi

publicidad
kumenyekanisha

farol
itara ryo kw' ibarabara

calle
ibarabara

taxi
itagisi

kiosco
kioske

peatón
umunyamaguru

vereda
ikibanza c' abanyamaguru

paso peatonal
imirongo yo mw'ibarabara y'abanyamaguru

ontenedor de basura
ubere yo kw'ibarabara

semáfo cruce
amatar kujabuka ara ayobora imiduga n' ingenzi

cabaña
akazu k' ikirundi

departamento
aparitema

estación de tren
igituro ca gari ya moshi

municipalidad
meri

museo
iratiro ry' ivyakera

colegio
ikigo c' amashure

universidad

kaminuza

banco

ibanki

hospital

ibitaro

hotel

ihoteli

farmacia

farumasi

oficina

ibiro

librería

aho badandaza ibitabo

negocio

akaduka

florería

umudandaza w'amashugwe

supermercado

supermarshe

mercado

isoko

grandes tiendas

iduka

pescadería

umudandaza w' amafi

centro comercial

ihuriro ry'amaduka

puerto

ikivuko

parque

ikibanza batemberamwo

banco

intebe ndende

puente

ikiraro

escaleras

ingazi

subte

gari ya moshi bita métro

túnel

ibarara ry' indani y' isi

parada del colectivo

igituro c' amabisi

bar

ubunywero

restaurante

resitora

buzón

ahaja amakete

letrero

ikirango co kw' ibarabara

parquímetro

isaha yo ku gituro c' imiduga

zoológico

iratiro ry' ibikoko

pileta

pisine

mezquita

umusigiti

granja
ubwororero

contaminación
konona ibidukikije

cementerio
akaburi

iglesia
kw'isengero

juegos infantiles
ikibuga

templo
inyubako za kera bita temple

paisaje

imisozi

hoja
ikibabi

poste indicador
ivyapa

camino
inzira

pradera
ubwatsi bita gazon

piedra
ibuye

árbol
igiti

excursionista
umuntu atembera kure n' amaguru

río
uruzi

hierba
ubwatsi

flor
ishugwe

valle

ikiyaya

montaña

umusozi

lago

ikiyaga

bosque

ishamba

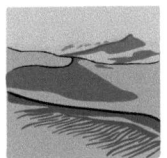

desierto

ubugaragwa

volcán

ikirunga

castillo

ishato

arco iris

umunywamazi

champiñón

ikizinu

palmera

ikigazi

mosquito

umubu

mosca

isazi

hormiga

urutozi

abeja

uruyuki

araña

igitangurigwa

escarabajo

agakoko gato bita
coléoptère

rana

igikere

ardilla

agakoko bita écureuil

erizo

ikinyogote

liebre

urukwavu

lechuza

igihuna

pájaro

inyoni

cisne

imbata

jabalí

ingurube y' ishamba

ciervo

idubu

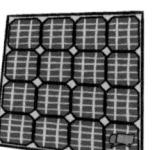

alce

igikoko bita élan

presa

urugomero

aerogenerador

icuma gitanga
umuyagankuba

panel solar

ikimuri c' imishwarara

clima

igihe

restaurante
resitora

mozo
umukozi wo muburiro n'ubunywero
menú
ikarata y' indya
silla
intebe
sopa
isupu
pizza
piza
cubiertos
ibikoresho vyo kumeza
mantel
igitambara c' ameza

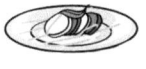

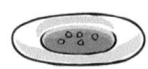

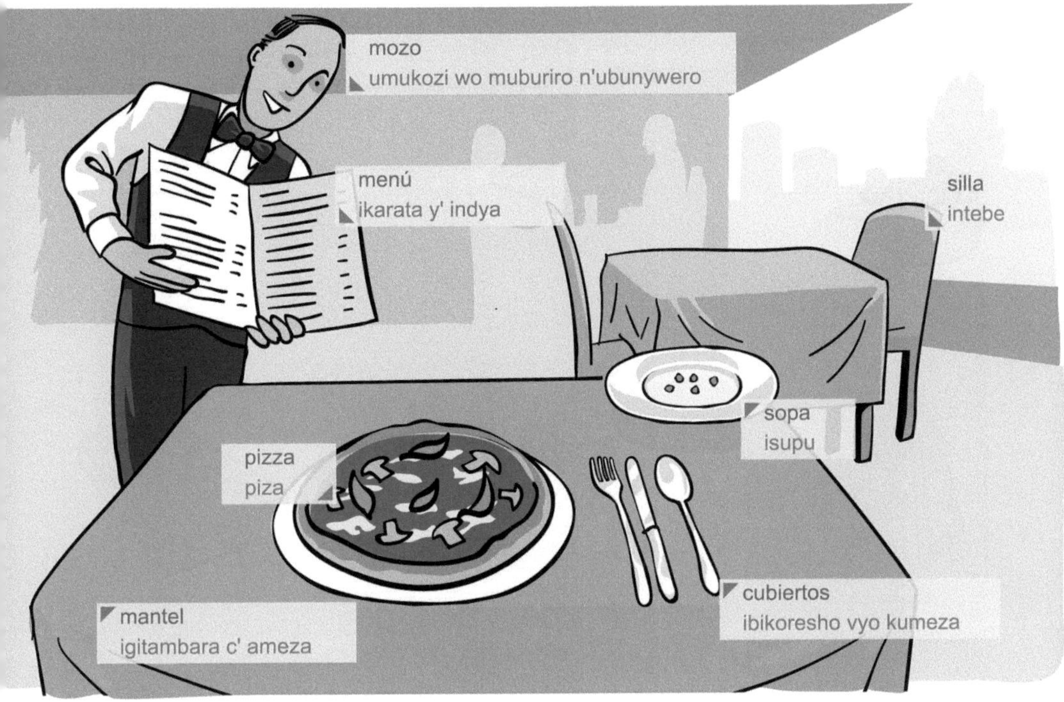

entrada

indya y' ibanze

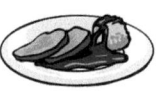

plato principal

indya nkuru

postre

deseri

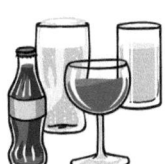

bebidas

inyobwa

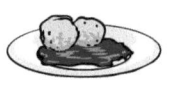

comida

infungugwa

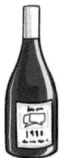

botella

icupa

comida rápida

infungugwa batekanye ingoga

comida callejera

Infungugwa barya bagenda

tetera

ibirika y' icayi

azucarera

agakopo k' isukari

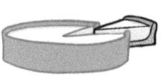

porción

igipande c' indya

cafetera expreso

imachini ikora espresso

sillita alta

intebe ndende

cuenta

inyemazabuguzi

bandeja

ako batwarako infungugwa

cuchillo

imbugita yo kumeza

tenedor

ikanya

cuchara

ikiyiko

cucharita

akayiko k' icayi

servilleta

seriviyeti

vaso

ikirahuri

plato

isahani

plato hondo

isahani y' isupu

plato

isutasi

salsa

isosi

salero

akanyanyagiza umunyu ku ndya

molinillo de pimienta

agasya ipiripiri

vinagre

vinaigre

aceite

amavuta

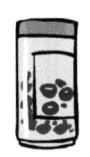

especias

indyoshandya

kétchup

kecapu

mostaza

mutaride

mayonesa

mayoneze

supermercado
supermarshe

oferta especial
ivyagabanyijwe igiciro
FOR
cliente
umuguzi
lácteos
ibiva ku mata
fruta
icamwa
changuito
agakinga ko mw' iduka

BUTCHERS

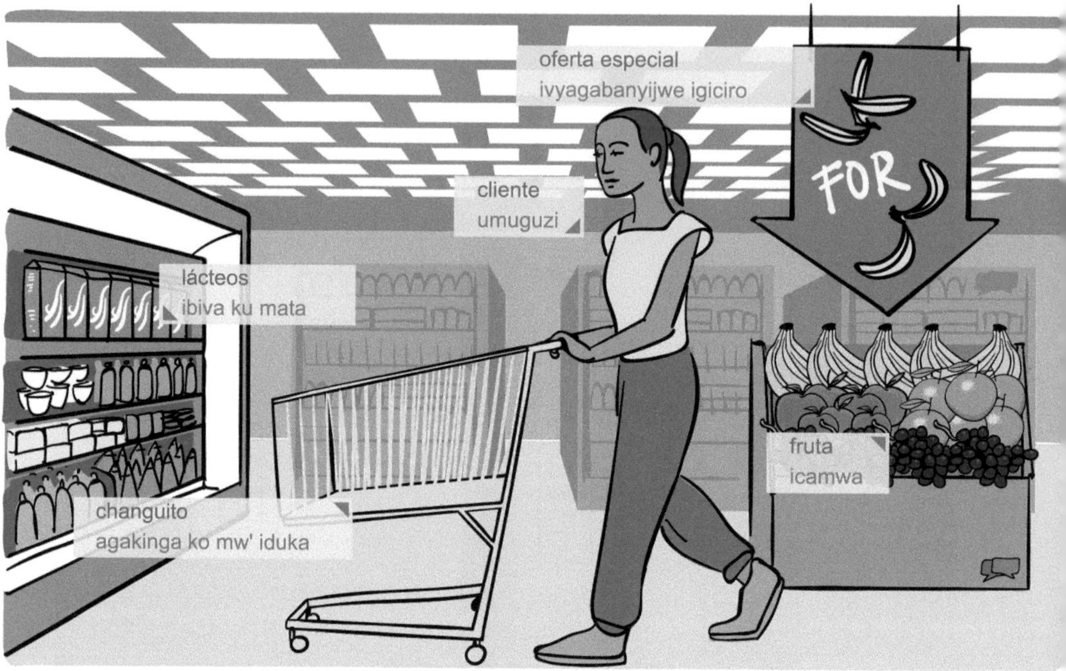

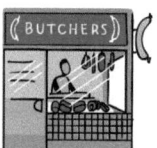

carnicería

amacuniro

BAKERY

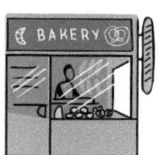

panadería

iburangeri

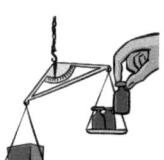

pesar

gupima

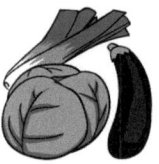

verduras

imboga

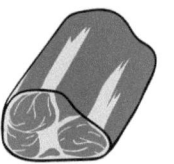

carne

inyama

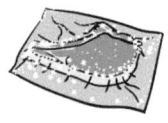

alimentos congelados

Imfungurwa zikanye cane

fiambres

infungugwa bita charcuterie en tranches

alimentos enlatados

amafunguro yo mu mabwate

detergente en polvo

isabune yo kumesura

golosinas

ibisosa

electrodomésticos

ibikoresho vyo muhira

productos de limpieza

ibikoresho vy'isuku

vendedora

umudandaza

caja

kese

cajero

umuntu yakira amahera

lista de compras

urutonde rw' ibidandazwa

horario de atención

amasaha yo kugurura

billetera

ingodomoni

tarjeta de crédito

ikarata y' amahera

cartera

isakoshe

bolsa de plástico

ishakoshe ya parastike

agua

amazi

jugo

umutobe

leche

amata

bebida cola

koka

vino

umuvinyo

cerveza

ikiyeri

alcohol

inzoga

cacao

kakao

té

icayi

café

ikawa

café expreso

ikawa yitwa espresso

cappuccino

ikawa yitwa kapucino

banana

umuhwi

manzana

ipome

naranja

umucungwe

melón

icamwa bita melon

limón

indimu

zanahoria

ikaroti

ajo

igitungurusumu

bambú

umugano

cebolla

igitunguru

champiñón

ikizinu

nueces

ibiyoba

fideos

amakaroni

tallarines

spagetti

arroz

umuceri

ensalada

isarade

papas fritas

ifiriti

papas fritas

ifiriti

pizza

piza

hamburguesa

hamburugere

sándwich

sandwich

churrasco

infungugwa bita escalope

jamón

jambo

salame

salami

salchicha

isosiso

pollo

inyama y' inkoko

asado

umusoso

pescado

ifi

copos de avena

infungugwa bita flocons d' avoine

muesli

imfungugwa bita müsli

copos de maíz

infungugwa bita corn - flakes

harina

ifarini

medialuna

umukate bita croissant

pancito

umukate muto

pan

umukate

tostada

umukate bashusha

galletitas

ibisuguti

manteca

amavuta

cuajada

iforomaji yera

torta

igato

huevo

irigi

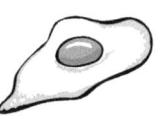

huevo frito

amafunguro bita oeuf au plat

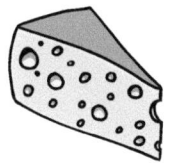

queso

iformaji

helado

infungugwa bita crème
glacée

azúcar

isukari

miel

ubuki

mermelada

ikonfitire

pasta de chocolate

imfungugwa bita praliné

curry

infungugwa bita curry

granja
ubwororero

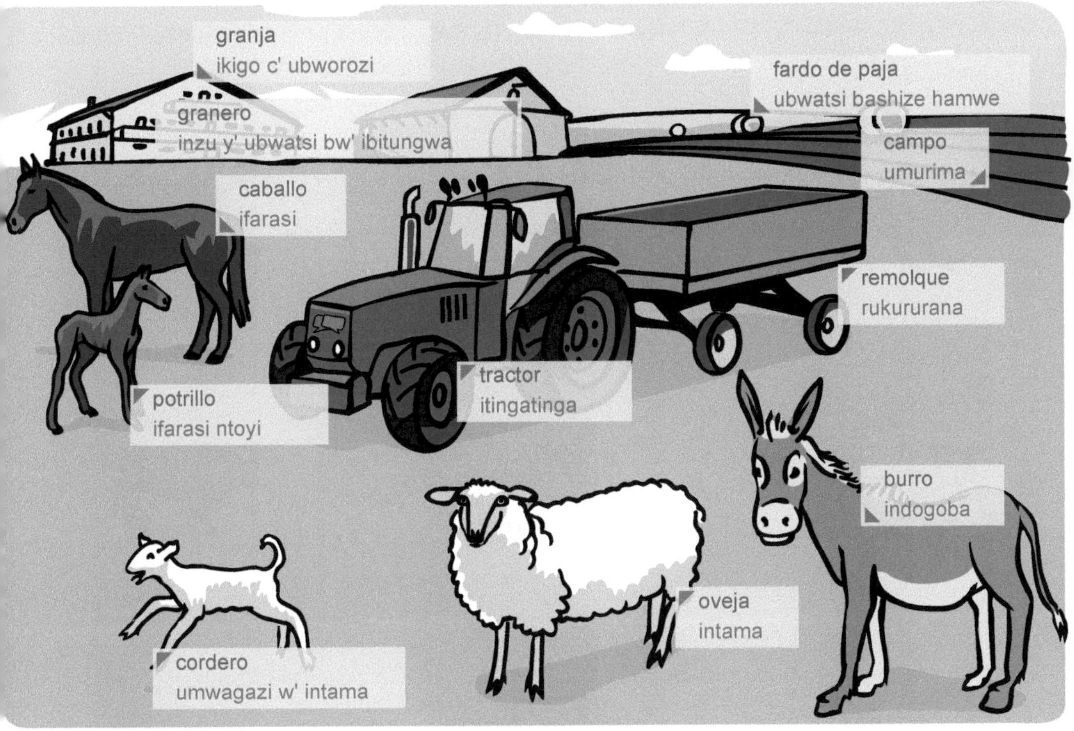

granja
ikigo c' ubworozi
granero
inzu y' ubwatsi bw' ibitungwa
fardo de paja
ubwatsi bashize hamwe
campo
umurima
caballo
ifarasi
remolque
rukururana
tractor
itingatinga
potrillo
ifarasi ntoyi
burro
indogoba
oveja
intama
cordero
umwagazi w' intama

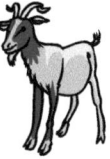

cabra

impene

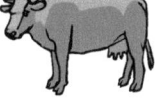

vaca

inka

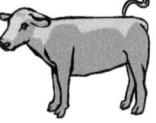

ternero

inyana

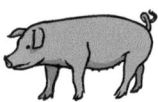

cerdo

ingurube

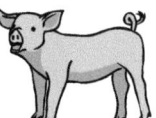

lechón

ikibuguru

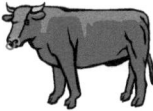

toro

impfizi

ganso

inyoni yitwa oie

pato

imbata

pollo

umuswi

gallina

inkokokazi

gallo

isake

rata

imbeba nini

gato

akayabu

ratón

imbeba

buey

ishuri

perro

imbwa

cucha

umusaka w'imbwa

manguera

umuringoti wo kuvomerera
umurima

regadera

ico bakoresha basukira
amashurwe

guadaña

urukero

arado

majagu

hoz

umuhoro

azada

isuka

horquilla

ikinyanyagiza ibitabizo irya n'ino

hacha

ishoka

carretilla

inkorofani

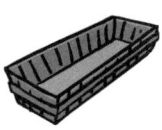

abrevadero

ubwato

lechera

icansi

bolsa

umufuko

reja

urugo

establo

indaro y' ibitungwa

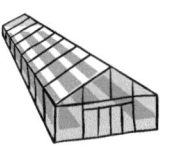

invernadero

utuzu bashusha kugirango ibimera birimwo bikure

suelo

isi

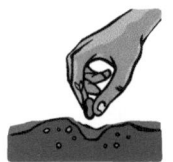

semilla

imbuto

fertilizador

ifumbire

cosechadora

imashini yimbura

cosechar

kwimbura

cosecha

umwimbu

batatas

infungugwa bita igname

trigo

ingano

soja

isoya

papa

ikiraya

maíz

ikigori

semilla de colza

ubwoko bw' ingano bita
colza

árbol frutal

igiti c' ivyamwa

mandioca

imyumbati

cereales

ibinyantete

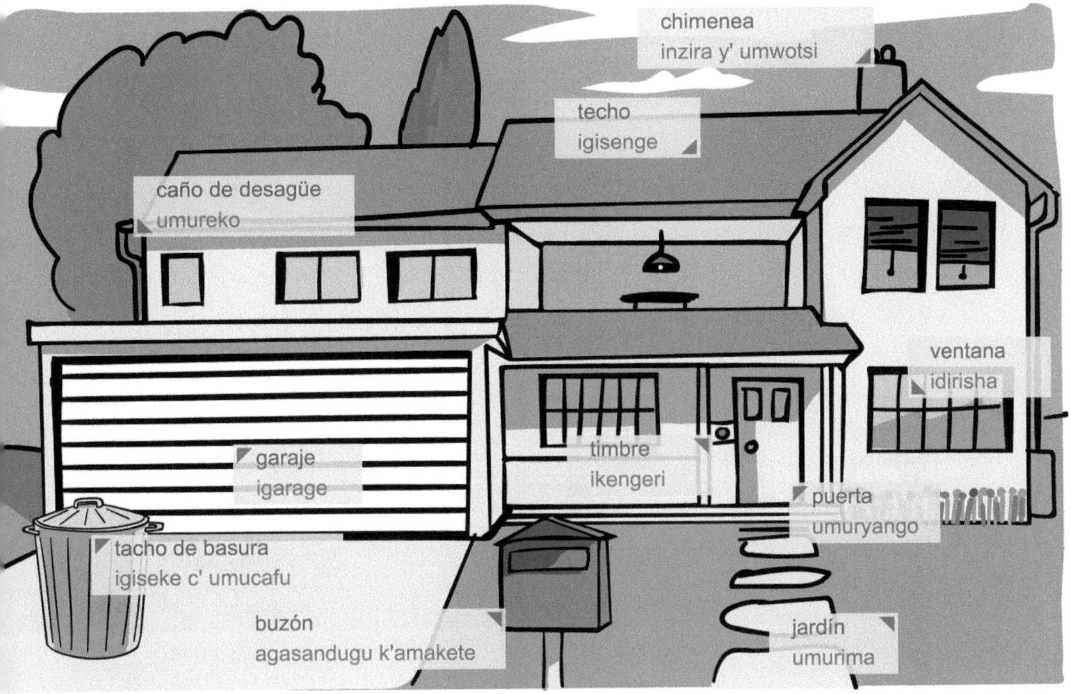

chimenea
inzira y' umwotsi

techo
igisenge

caño de desagüe
umureko

ventana
idirisha

garaje
igarage

timbre
ikengeri

puerta
umuryango

tacho de basura
igiseke c' umucafu

buzón
agasandugu k'amakete

jardín
umurima

living

isaro

baño

ubwogero

cocina

igikoni

dormitorio

icumba co kuraramo

cuarto de los chicos

icumba c' umwana

comedor

uburiro

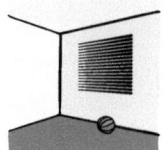

piso

hasi

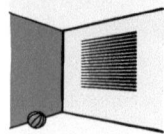

pared

uruhome

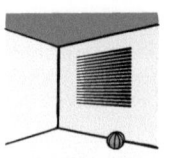

cielorraso

igisenge c' inzu

sótano

kave

sauna

sauna

balcón

ibaraza

terraza

ibaraza

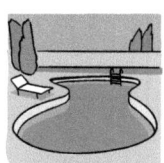

pileta

aho bogera

cortadora de pasto

itondezi

sábana

igikaratasi

acolchado

uburengeti

cama

uburiri

escoba

umweyerezo

balde

indobo

interruptor

akabuto

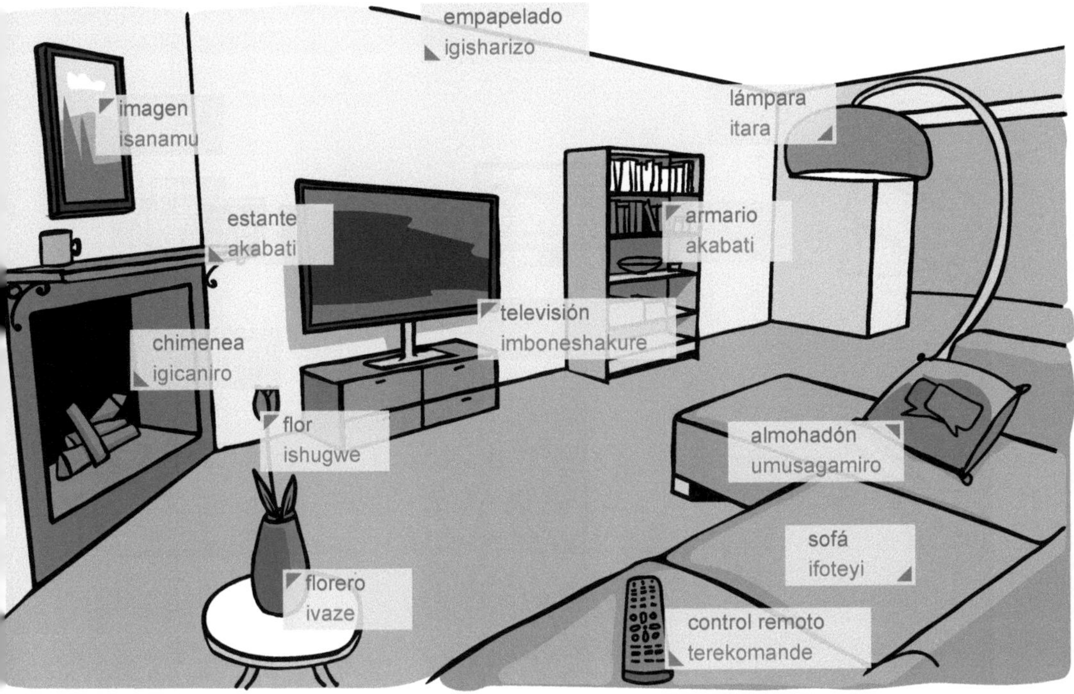

empapelado
igisharizo

imagen
isanamu

lámpara
itara

estante
akabati

armario
akabati

chimenea
igicaniro

televisión
imboneshakure

flor
ishugwe

almohadón
umusagamiro

sofá
ifoteyi

florero
ivaze

control remoto
terekomande

alfombra

itapi

cortina

irido

mesa

ameza

silla

intebe

mecedora

intebe icundera

sillón

ifoteyi

libro

igitabo

frazada

ikirengeti

decoración

ibitako

leña

inkwi

película

ireresi

equipo de música

ivyuma vy' umuziki

llave

urufunguruzo

diario

ikinyamakuru

pintura

gusiga amarangi

póster

isanamu nini

radio

insamirizi

cuaderno

ikaye ndangaminsi

aspiradora

asipirateri

cactus

icimera bita cactus

vela

ibuji

cocina
igikoni

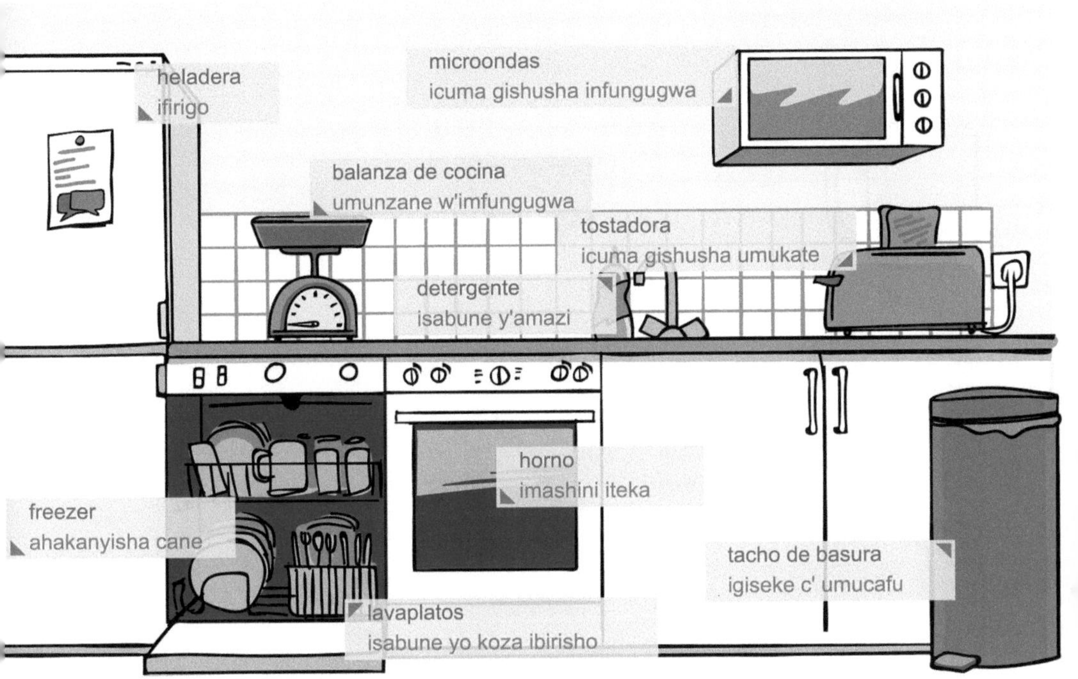
heladera
ifirigo
microondas
icuma gishusha infungugwa
balanza de cocina
umunzane w'imfungugwa
tostadora
icuma gishusha umukate
detergente
isabune y'amazi
horno
imashini iteka
freezer
ahakanyisha cane
tacho de basura
igiseke c' umucafu
lavaplatos
isabune yo koza ibirisho

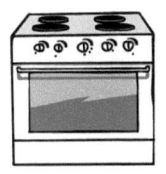

cocina
ishiga

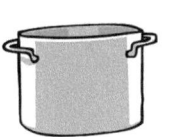

olla
isafuriya

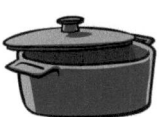

olla de hierro fundido
isafuriya y' icuma

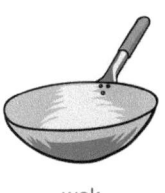

wok
ipanu bita wok

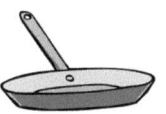

sartén
ipanu

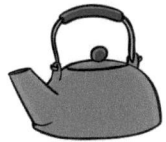

pava
akuma gashusha amazi

vaporera

isafuriya itekesha umuhisha

bandeja de horno

ico bakorerako imikate

vajilla

ibirisho

taza

igikombe

bol

ibakure

palitos

uduti two kurisha

cucharón

icaruzo c' isupu

estpátula

ikimamiro

batidora

agakubitisho

colador

imashini isya ibifungurwa

colador

akayunguruzo

rallador

agakatakata imfungugwa

mortero

agasekuro

parrilla

icokerezo

fogata

urucaniro

cocina - igikoni

tabla de picar

urubaho rwo gukatirako

palo de amasar

akabaho bakoresha spageti

sacacorchos

urupfunguzo rw'umuvinyu

lata

agasandugu

abrelatas

urupfunguzo
rw'agasandugu

manopla

ivyo gufatisha isafuriya
ishushe

pileta

icogerezo

cepillo

uburoso

esponja

ivyogesho

batidora

imigiseri

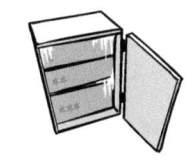

congelador

frigo nini ikanyisha cane

mamadera

bibero

canilla

ivomo

cocina - igikoni

baño

ubwogero

calefacción
imashini ishusha mu nzu
toalla
isume
ducha
kwoga
cortina de ducha
rido yo muri dushe
baño de espuma
koga mu mazi arimwo ifuro ryinshi
bañadera
benywari
vaso
ikirahuri
lavarropas
imashini imesura
canilla
ivomo
baldosas
amategura
pelela
agasafuriya
pileta
icogerezo

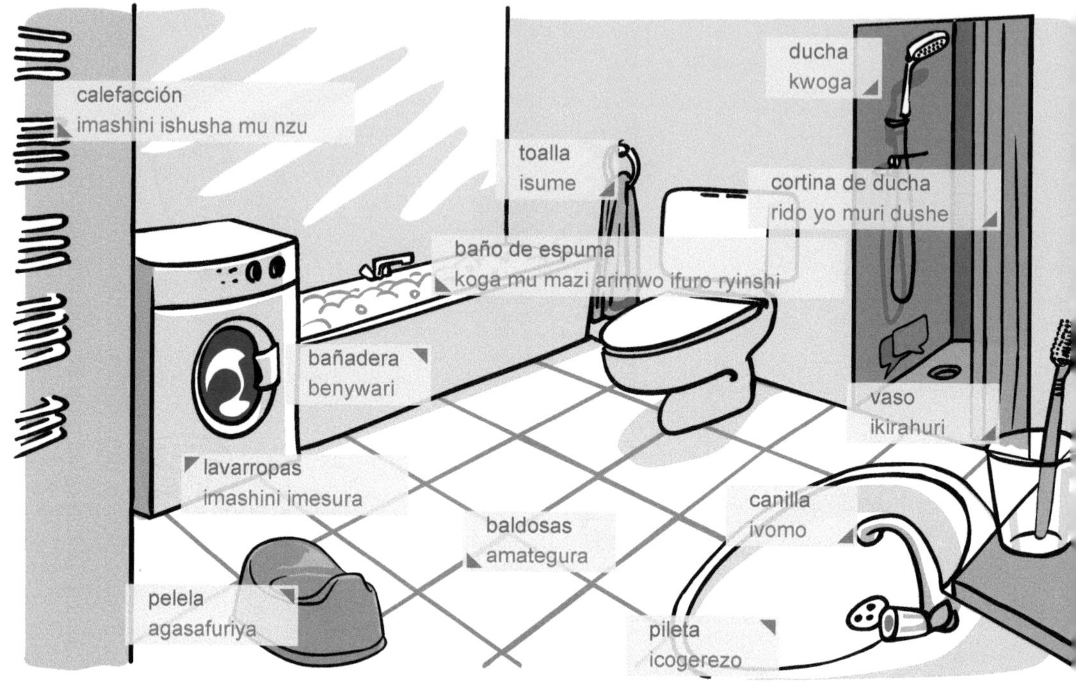

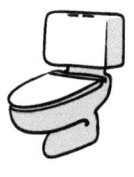

inodoro

Akazu ka surwumwe

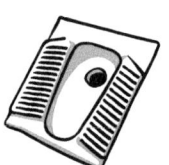

letrina

akazu ka surwumwe k'ikirundi

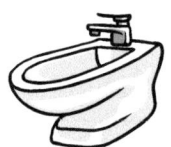

bidé

akantu gatoya bogeraho

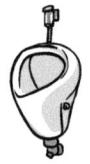

mingitorio

aho basoba

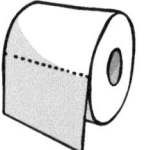

papel higiénico

ibikaratase vyo kwi sukuza mu nzu ya surwumwe

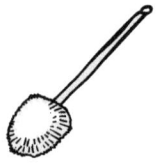

cepillo para el inodoro

uburoso bwoza akazu ka surwumwe

cepillo de dientes

umujigiti

dentífrico

umuti wo koza amenyo

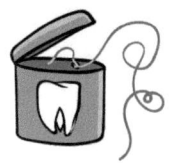

hilo dental

utugozi two gusukura
amenyo

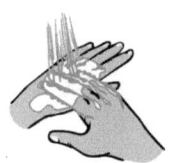

lavar

koza

ducha de mano

ikinyuko

ducha higiénica

ubwoko bwa dushe

palangana

ico bakarabiramo intoki

cepillo para espalda

uburoso busukura mu
mugongo

jabón

isabune

gel de ducha

isabuni yo kwoga

shampoo

shampo

toallita

agatambara ko kwisukura

desagüe

umuringoti

crema

amavuta yo kwisiga

desodorante

iparufe yo mu kwaha

espejo

icirore

espejito

icirore

maquinita de afeitar

imashini imwa ubwanwa

espuma de afeitar

ifuro ryo kumwa ubwanwa

aftershave

umuti basiga aho bamoye

peine

igisokozo

cepillo

uburoso

secador de pelo

akuma kumutsa umushatsi

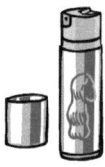

spray

amavuta bapuriza mu
mushatsi

maquillaje

ibikoresho vyo kwipodora

lápiz de labios

amavuta afise ibara yo
k'umunywa

esmalte para uñas

verni y'inzara

algodón

ipampa

tijera para uñas

umukasi uca inzara

perfume

iparufe

portacosméticos

agasaho k' ivyo kwisukura
ku rugendo

banqueta

agatebe

balanza

umunzane

bata

penywari

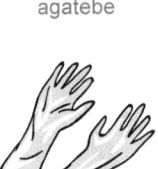

guantes de goma

udufuko tw' intoke iyo
bakora isuku

tampón

kotegisi

toallita femenina

kotegisi

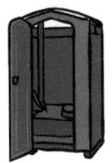

baño químico

ubwoko bw'akazu ka
surwumwe

cuarto de los chicos
icumba c' umwana

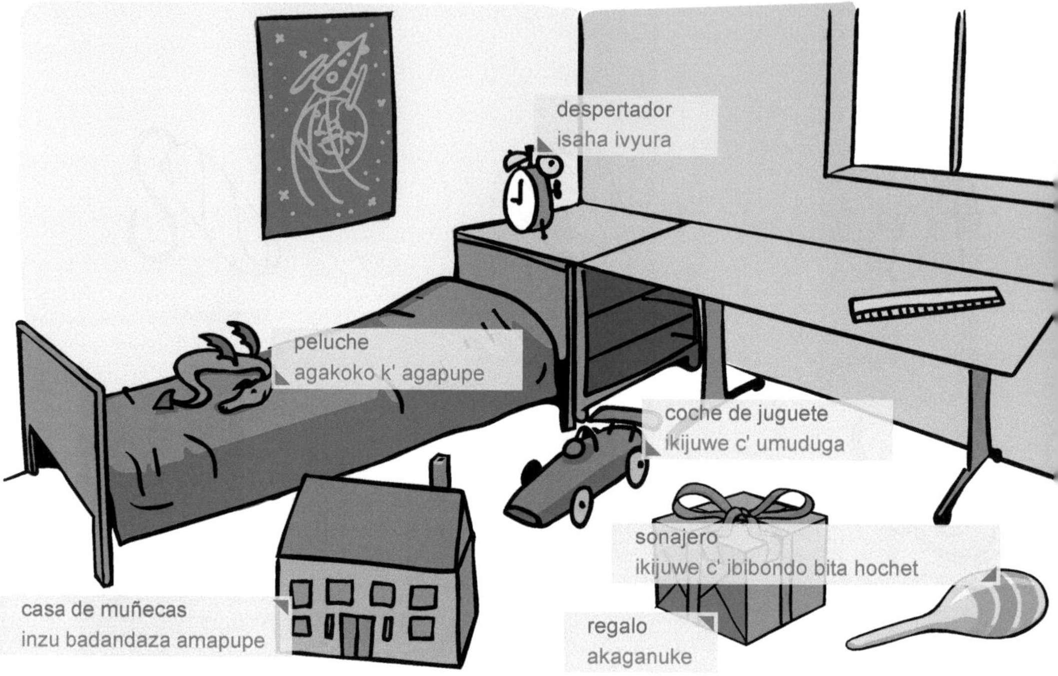
despertador
isaha ivyura
peluche
agakoko k' agapupe
coche de juguete
ikijuwe c' umuduga
sonajero
ikijuwe c' ibibondo bita hochet
casa de muñecas
inzu badandaza amapupe
regalo
akaganuke

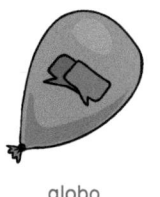

globo

igipurizo

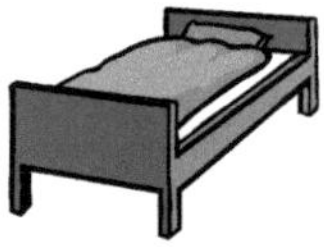

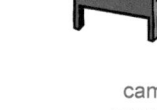

cama

uburiri

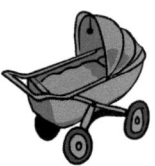

cochecito

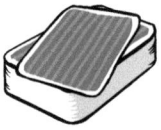

cartas

urukino rw' ikarata

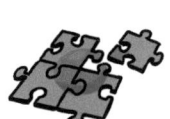

rompecabezas

urukino bita puzile

SUPER MEGA

historieta

ibitabo vy' amashusho

piezas de lego

urukino bita lego

ladrillos de juguete

ibijuwe vyo kubaka

figura de acción

ipupe

enterito (de bebé)

impuzu yo kurarana y abana

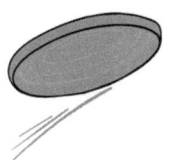

frisbee

urukino bita frisbi

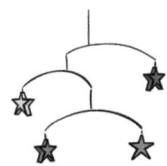

móvil para bebés

udukinisho two ku buriri bw' ibibondo

juego de mesa

urukino rwo kumeza

dados

agakinisho bita de

tren eléctrico

gari ya moshi z' ibikinisho

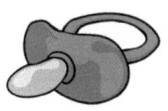

chupete

madanganya

fiesta

umunsi mukuru

libro de cuentos ilustrado

igitabo c' ibicapo

pelota

umupira

muñeca

igipupe

jugar

gukina

arenero

umusenyi abana
bakiniramwo

hamaca

uruvuma

juguetes

ikijuwe

consola de videojuegos

urukino nyabwonko

triciclo

ikinga ry'amapine atatu

osito de peluche

igikoko bita ours c 'ikijuwe

armario

akabati k' impuzu

ropa

impuzu

medias

amashesheti

medias panty

amashesheti maremare

calzas

ubwoko bw'impuzu zifata
kandi zigaruka cane

bufanda
furari

cinturón
umusipi

paraguas
umwumvuri

remera
agapira kadafise amabo

botas
ibirato biduga kumurundi

zapatillas
ibirato vya tenis

pantuflas
ibirato vyo mu nzu

sandalias
....
isandari

zapatos
....
ibirato

botas de goma
....
ingamiya

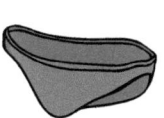

ropa interior
....
imwesho

corpiño
....
isutiye

chaleco
....
isengeri

body
....
impuzu z' imbere

pantalones
....
ipantaro

jeans
....
ijinisi

pollera
....
ijipo

blusa
....
agashati koroshe kabagore

camisa
....
ishati

pulóver
....
umupira w' imbeho

buzo
....
umupira w'imbeho ufise
inkofero

blazer
....
blazeri

campera
....
ikoti

tapado
....
ikoti rirerire

piloto
....
ikoti y'imvura

traje
....
kositime

vestido
....
ikanzu

vestido de novia
....
ikazu y'umugeni

traje

kositime

camisón

ikanzu yo kurarana

pijama

impuzu z' ijoro

sari

imvutano z'abahindi

pañuelo para cabeza

igitambara co mu mutwe

turbante

igitambara co mu mutwe
bita turban

burka

impuzu z' abasiramukazi

caftán

ikanzu bita kaftan

abaya

impuzu y' abasiramu

traje de baño

impuzu yo kogana

short de baño

impuzu yo kwogana
y'abagabo

shorts

imwesho

jogging

itereningi

delantal

itaburiya

guantes

udufuko tw' intoke

botón

igifungo

anteojos

amarori

pulsera

igikomo

collar

akadede

anillo

impeta

aro

ihereni

gorra

inkofero

percha

porutemanto

sombrero

inkofero

corbata

karavate

cierre

imashini

casco

inkofero yo kwikingira

tiradores

imisipi

uniforme escolar

impuzu y' ishure

uniforme

umwambaro rusangi
w'ahantu

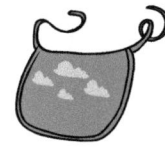

babero

utwo bambika ibibondo iyo birya

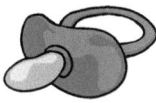

chupete

madanganya

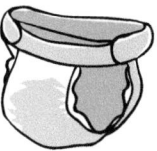

pañal

iranje

oficina

ibiro

servidor
seriveri
archivero
akabati k' ivyangombwa
impresora
empirimante
papel
urukaratasi
monitor
ekra
escritorio
ameza yo kwandikirako
mouse
suri
carpeta
ico bashiramwo ivyangombwa
teclado
karaviye
silla
intebe
:ho (de basura)
aseke bajugunyamo amakaratasi
computadora
nyabwonko

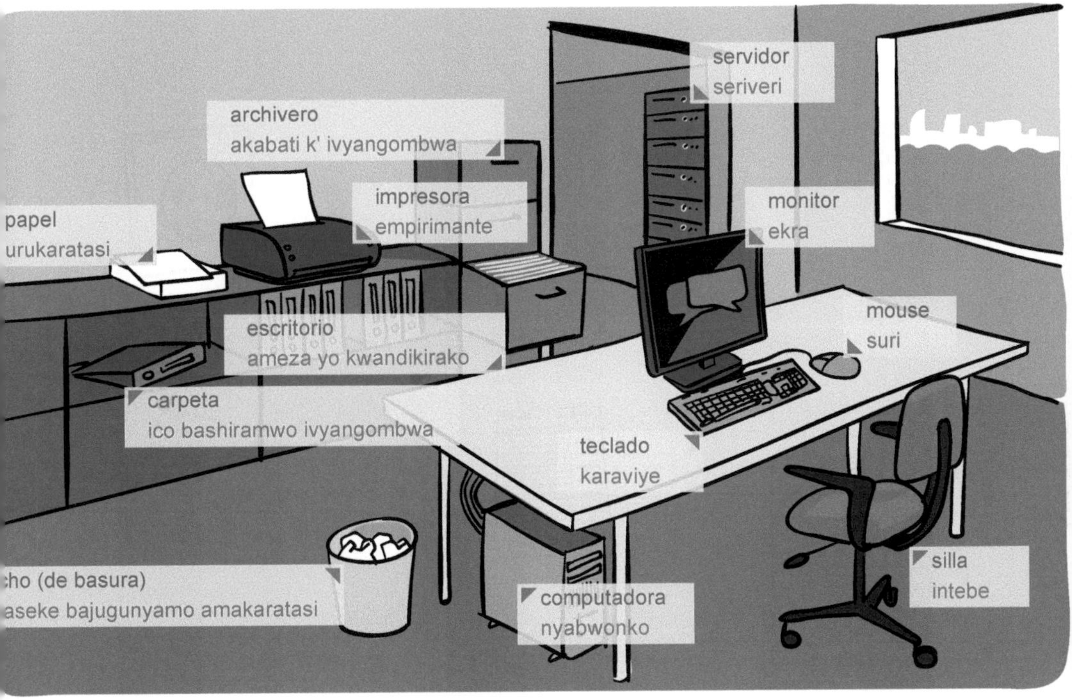

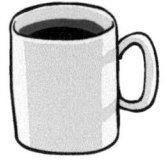

taza de café

igikombe c' ikawa

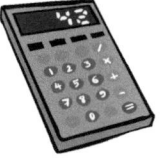

calculadora

imashini iharura

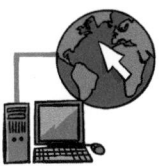

internet

ubuhinga ngurukanabumenyi

laptop

inyabwonko ngendanwa

carta

ikete

mensaje

ubutumwa

celular

telefoni ngendanwa

red

rezo

fotocopiadora

fotokopiyeze

software

rojisiyeri

teléfono

telefoni

tomacorriente

purize

fax

fagisi

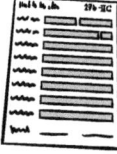

formulario

urukaratasi rwo kuzuza

documento

icangombwa

comprar

kugura

pagar

kuriha

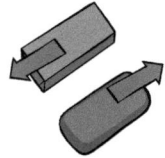

hacer negocios

kudandaza

dinero

amahera

dólar

idorari

euro

iyero

yen

iyene

rublo

amahera y' abarusiya

franco suizo

amahera y' abasuwisi

yuan

amahera bita renmimbi yuan

rupia

amahera bita rupi

cajero automático

icuma gitanga amahera

casa de cambio

ku bavunjayi

oro

inzahabu

plata

umujumbu

petróleo

ipeteroli

energía

inguvu

precio

ikiguzi

contrato

amasezerano

impuesto

amakori

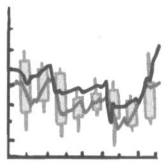

acción

igice

trabajar

gukora

empleado

umukozi

empleador

umukoresha

fábrica

ihinguriro

negocio

akaduka

ocupaciones
imirimo

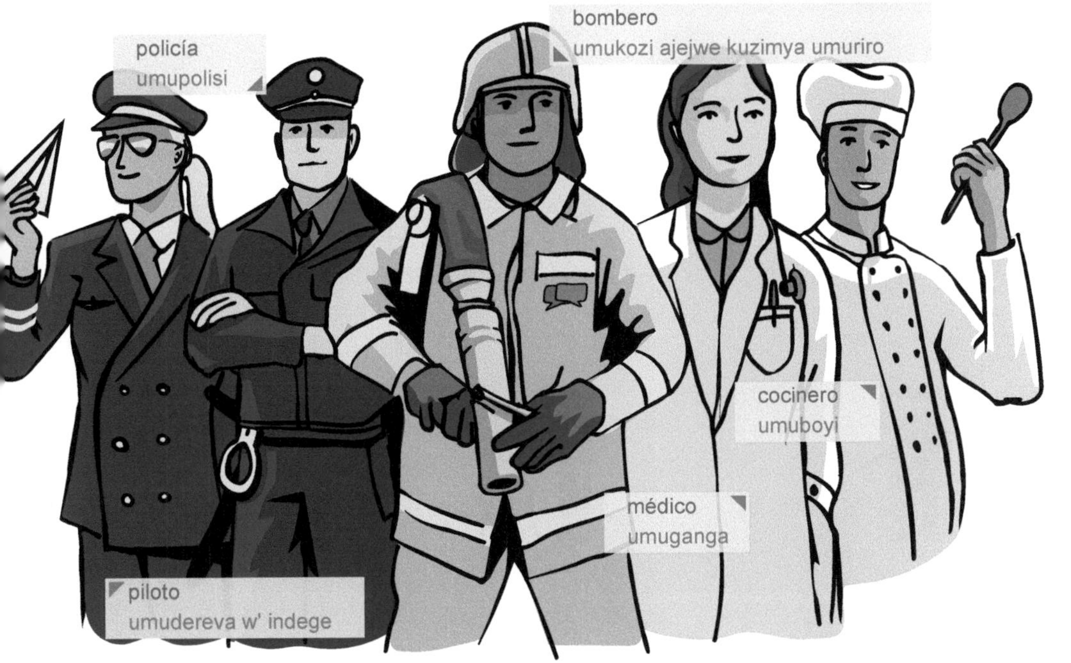
policía
umupolisi
bombero
umukozi ajejwe kuzimya umuriro
cocinero
umuboyi
médico
umuganga
piloto
umudereva w' indege

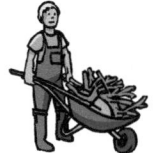

jardinero
umukozi akora murikarima

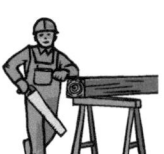

carpintero
umubaji

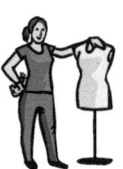

modista
umushonyi

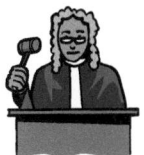

juez
umucamanza

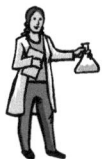

farmacéutico
umuhinga mu vya chimie

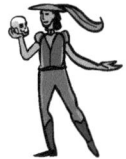

actor
umukinyi w'amareresi

colectivero

umudereva w' ibisi

taxista

umudereva w' itagisi

pescador

umurovyi

mucama

umuzezwanzukazi

techista

sharupantiye

mozo

umukozi wo muburiro
n'ubunywero

cazador

umuhigi

pintor

umufundi w' amarangi

panadero

umuntu akora imikate

electricista

umufundi w' amatara

albañil

umwubatsi

ingeniero

enjeniyeri

carnicero

umuyangayanga

plomero

umufundi w' amazi

cartero

umuparanto

soldado

umusoda

arquitecto

umuntu acapa inyubako

cajero

umuntu yakira amahera

florista

umukozi ajejwe amashugwe

peluquero

kimyozi

cobrador

kontororeri

mecánico

umufundi w' imiduga

capitán

umudereva w' ubwato

dentista

umuganga w' amenyo

científico

umuhinga mu vya siyansi

rabino

umuhinga mu bayahudi bita
rabi

imán

imame

monje

umuvugiramana

sacerdote

umuvugiramana

herramientas
ibikoresho vy' ubwubatsi

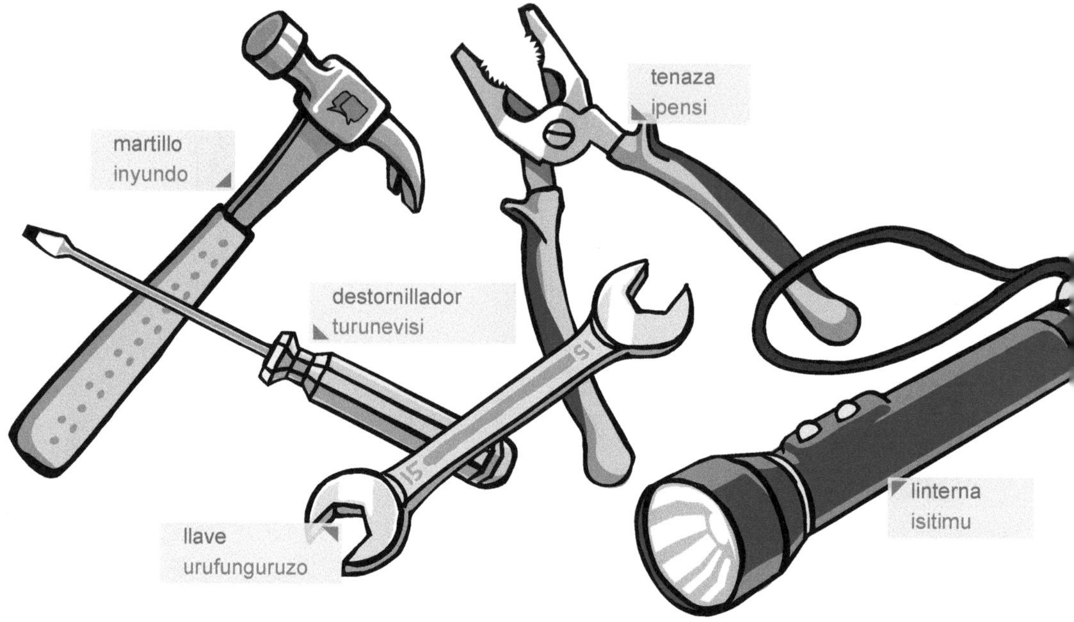

martillo
inyundo
tenaza
ipensi
destornillador
turunevisi
llave
urufunguruzo
linterna
isitimu

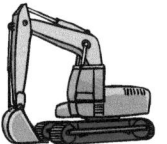

excavadora

tingatinga

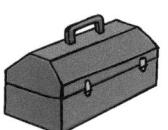

caja de herramientas

isaho y' ibikoresho

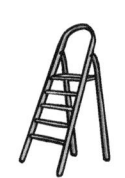

escalera portátil

ingazi

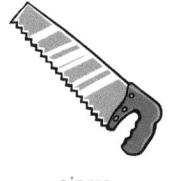

sierra

umusumeno

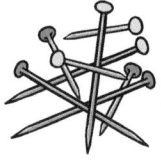

clavos

imisumari

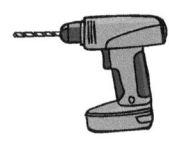

taladro

icuma bita foreuse

arreglar

gukora

pala de jardín

igipawa

¡Qué bronca!

asyi!

pala de plástico

agaterura umucafu

tacho de pintura

indobo y' irangi

tornillos

ivis

instrumentos musicales

ivyuma vyo gucuraranga

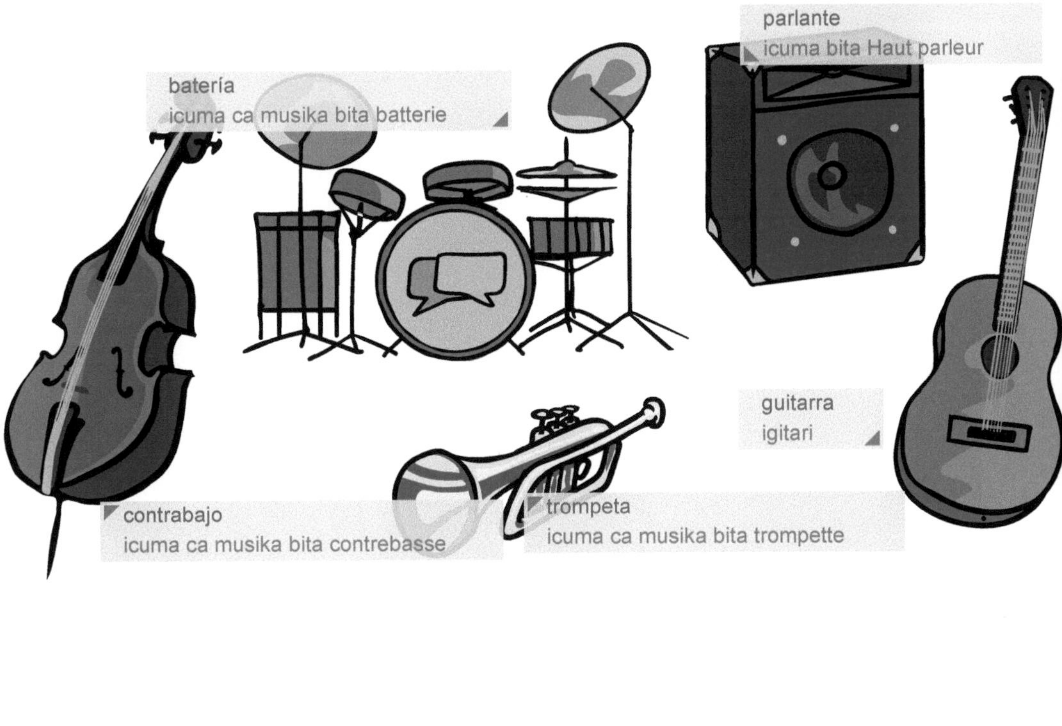

parlante
icuma bita Haut parleur

batería
icuma ca musika bita batterie

guitarra
igitari

contrabajo
icuma ca musika bita contrebasse

trompeta
icuma ca musika bita trompette

piano

icuma ca musika bita piano

violín

icuma ca musika bita violon

bajo

gitare icuranga Bass

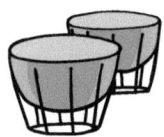

timbales

icuma ca musika bita
timbale

tambor

ingoma

teclado

icuma ca musika bita piano
electrique

saxofón

icuma ca musika bita
saxophone

flauta

umwirongi

micrófono

mikoro

zoológico

iratiro ry' ibikoko

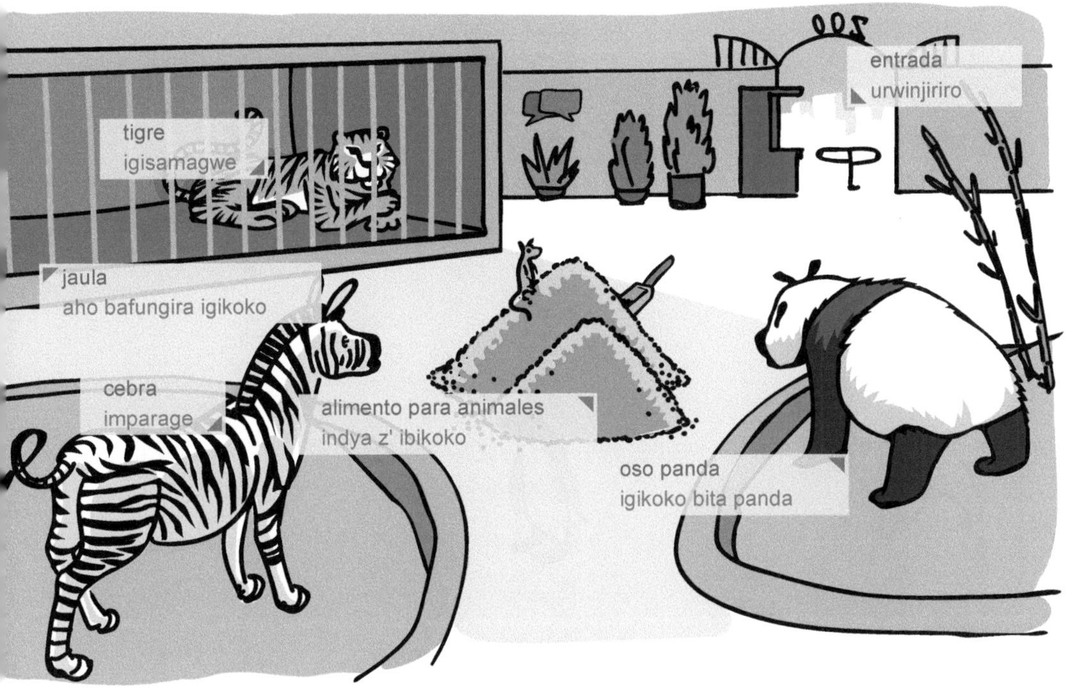
tigre
igisamagwe
jaula
aho bafungira igikoko
cebra
imparage
alimento para animales
indya z' ibikoko
oso panda
igikoko bita panda
entrada
urwinjiriro

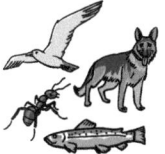

animales

ibikoko

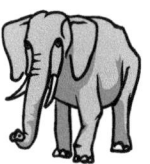

elefante

inzovu

canguro

Kanguru

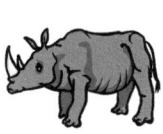

rinoceronte

igikoko bita Rhynoceros

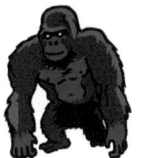

gorila

inguge

oso

igikoko bita ours

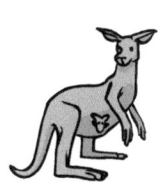

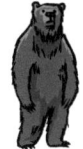

camello

ingamiya

avestruz

inyoni bita autriche

león

intare

mono

inkende

flamenco

inyoni bita flamant rose

loro

gasuku

oso polar

igikoko bita ours blanc

pingüino

inyoni bita pinguin

tiburón

ifi bita requin

pavo real

inyoni bita paon

serpiente

inzoka

cocodrilo

ingona

cuidador del zoológico

umurinzi w' iratiro ry' ibikoko

foca

igikoko bita phoque

jaguar

igikoko bita jaguar

poni

ubwoko bw' ifarasi bita pony

leopardo

ingwe

hipopótamo

imvubu

jirafa

umusumbarembo

águila

agaca

jabalí

ingurube y' ishamba

pescado

ifi

tortuga

akanyamasyo

morsa

igikoko bita morse

zorro

imbwebwe

gacela

ingeregere

fútbol americano
urukino rwa football yo muri amerika

ciclismo
ugusiganwa ku makinga

tenis
urukino rwa tennis

básquet
urukino rwa basketball

natación
koga

boxeo
urukino rw' ingumu

hockey sobre hielo
urukino rwa ice-hockey

fútbol
umupira w'amaguru

bádminton
urukino rwa badminton

atletismo
ubunonotsi

handball
urukino rwa handball

esquí
urukino rwa ski

polo
urukino rwa Polo

actividades
imirimo

reír
gutwenga
saltar
gusimba
abrazar
kugumbirana
caminar
kugenda
cantar
kuririmba
soñar
kurota
rezar
gusenga
besar
gusoma

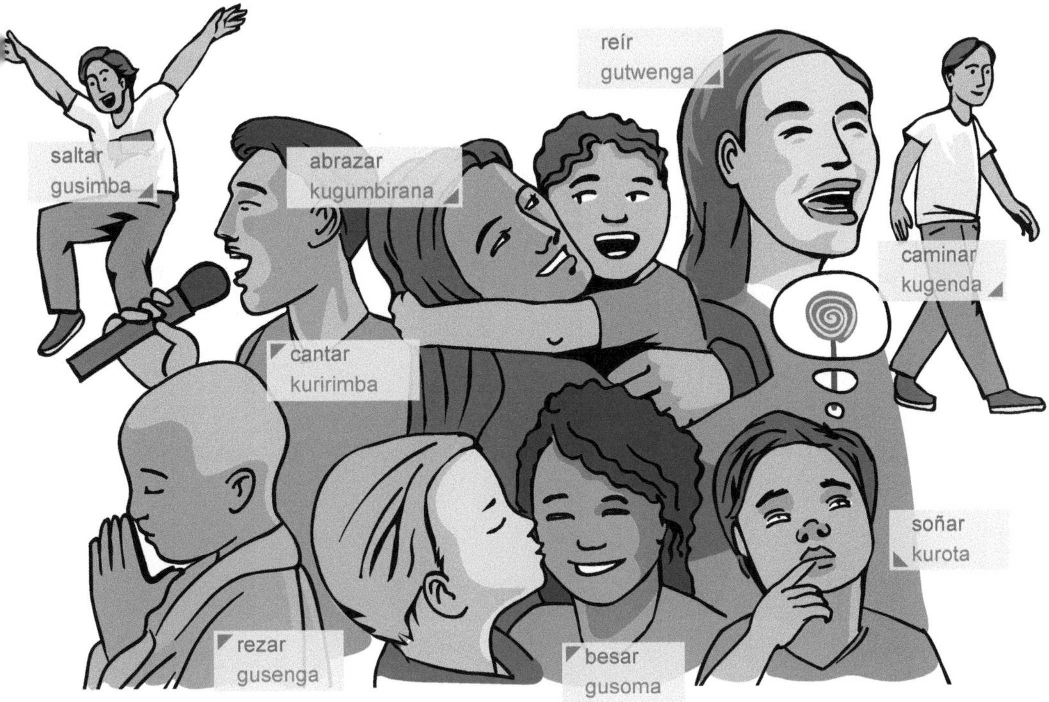

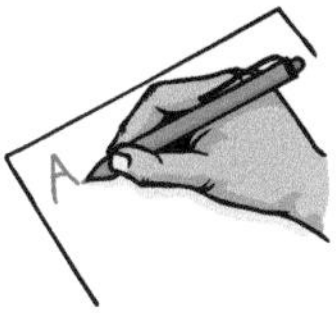

escribir
kwandika

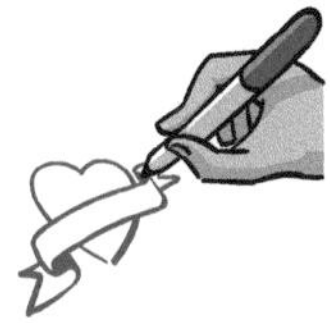

dibujar
gucapa

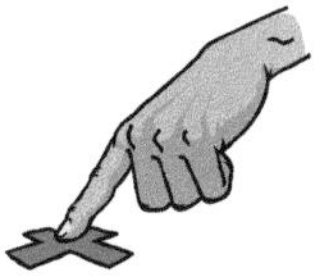

mostrar
kwereka

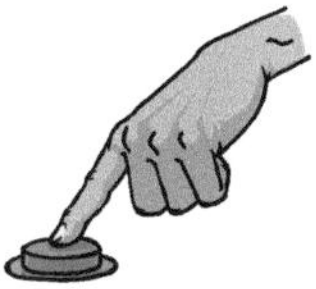

presionar
gusuguma

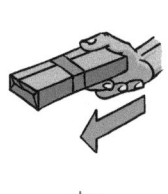

dar
gutanga

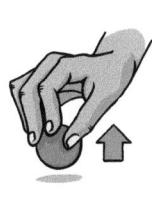

tomar
gutora

tener

kugira

hacer

kugira

ser

kuba

estar parado

guhagarara

correr

kwiruka

tirar

gukwega

tirar

guta

caer

gutemba

estar acostado

kurambarara hasi

esperar

kurindira

llevar

gutwara

estar sentado

kwicara

vestirse

kwambara

dormir

kuryama

despertar

kuvyuka

mirar

kuraba

llorar

kurira

acariciar

kwagaza

peinar

gusokoza

hablar

kuvuga

entender

gutahura

preguntar

kubaza

escuchar

kumviriza

beber

kunywa

comer

gufungura

ordenar

gutondeka

amar

gukunda

cocinar

guteka

manejar

gutwara

volar

kuguruka

navegar

kugira siporo bita voile

calcular

guharura

leer

gusoma

aprender

kwiga

trabajar

gukora

casarse

kurongora

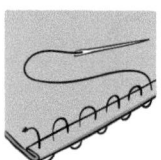

coser

gushona

cepillarse los dientes

kwijigitura

matar

kwica

fumar

kunywa itabi

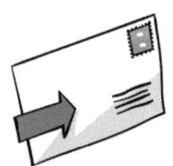

enviar

kurungika

familia
umuryango

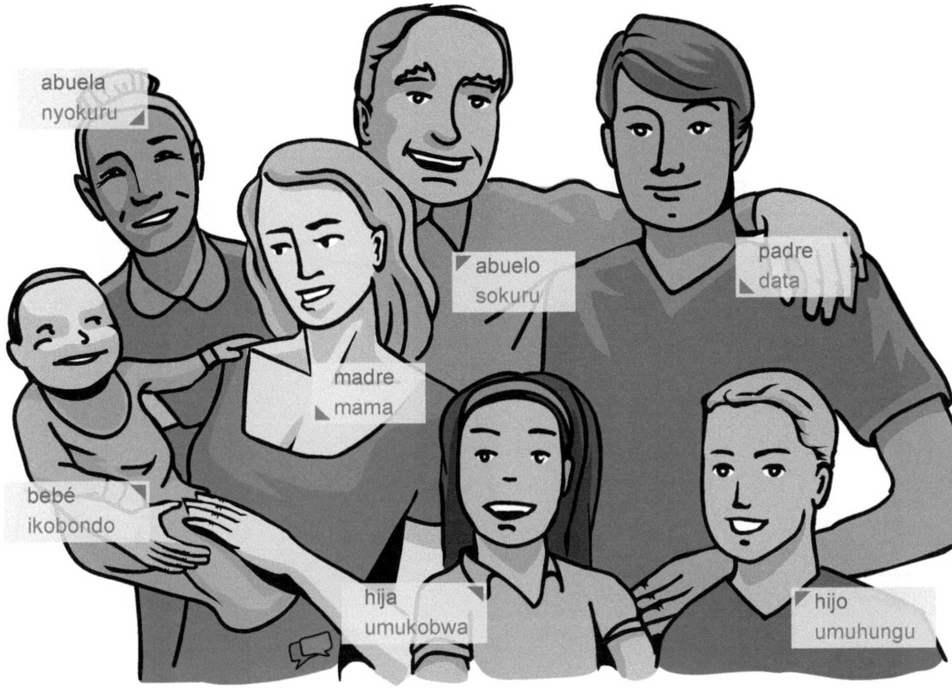

abuela
nyokuru
abuelo
sokuru
padre
data
madre
mama
bebé
ikobondo
hija
umukobwa
hijo
umuhungu

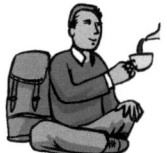

invitado

umushitsi

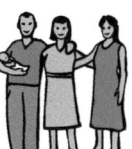

tía

masenge

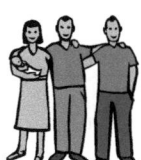

tío

marume

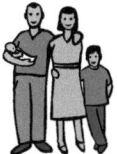

hermano

musaza w' umuntu

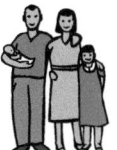

hermana

mushiki w' umuntu

cuerpo
umubiri

frente
agahanga
ojo
ijisho
hombro
urutugu
dedo
urutoki
cara
isura
pera
agasakanwa
mano
ikiganza
pierna
ukuguru
pecho
agatuntu
brazo
ukuboko

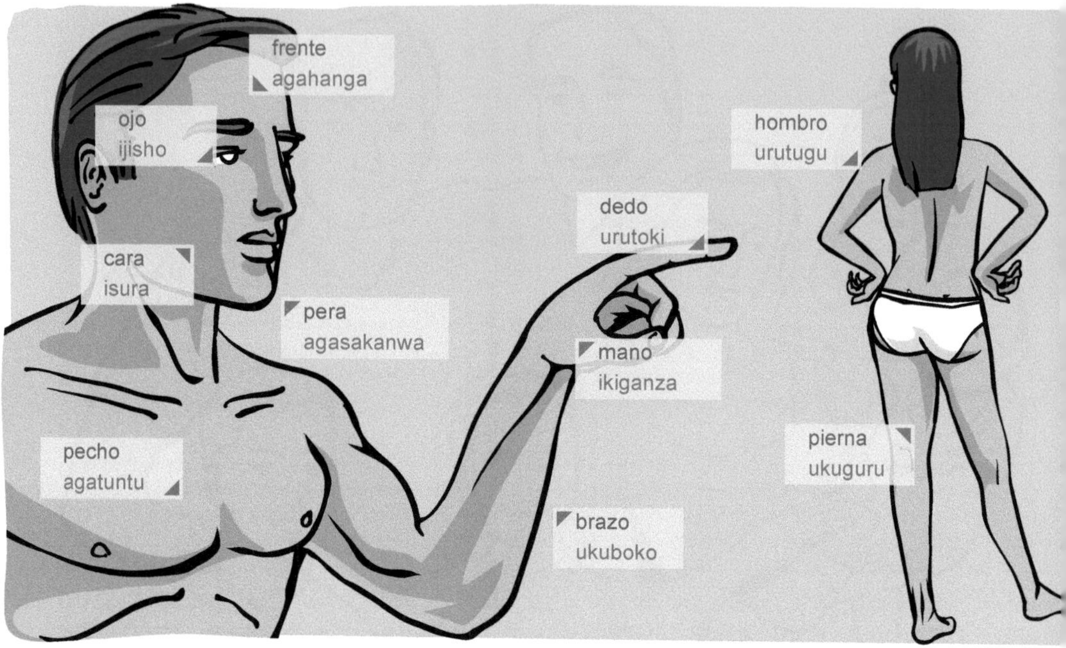

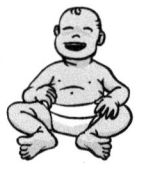

bebé

ikobondo

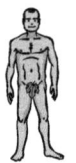

hombre

umugabo

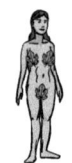

mujer

umugore

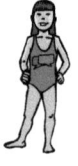

nena

umwigeme

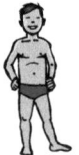

nene

umuhungu

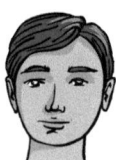

cabeza

umutwe

espalda

umugongo

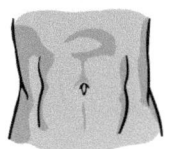

panza

inda

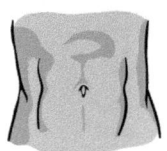

ombligo

umukondo

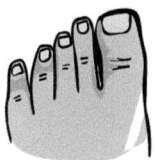

dedo del pie

ino

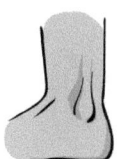

talón

agatsintsiri

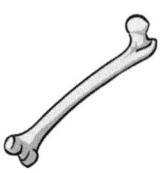

hueso

igufa

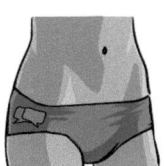

cadera

ku mafyigo

rodilla

ivi

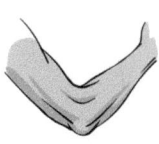

codo

inkokora

nariz

izuru

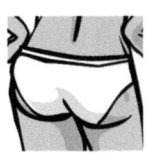

cola

igisusu

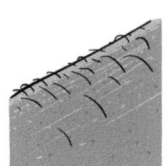

piel

urukoba

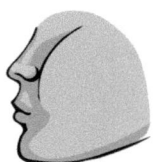

cachete

itama

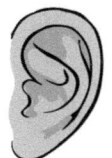

oreja

ugutwi

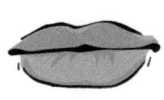

labio

umunwa

boca

umunwa

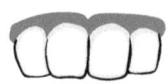

diente

iryinyo

lengua

ururimi

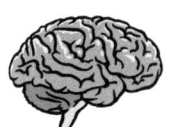

cerebro

ubwonko

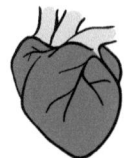

corazón

umutima

músculo

umutsi

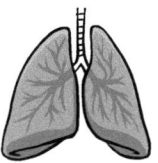

pulmón

ihaha

hígado

igitigu

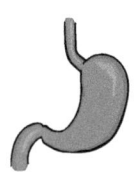

estómago

umushishito

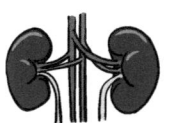

riñones

amafyigo

sexo

kurangura amabanga
y'abubatse

preservativo

agapfuko

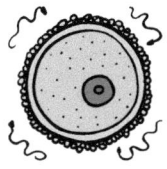

óvulo

imbuto y' umugore

semen

imbuto y'umugabo

embarazo

imbanyi

cuerpo - umubiri

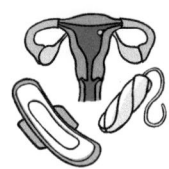

menstruación

kuja mu kwezi

vagina

igituba

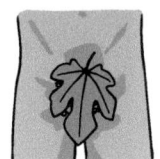

pene

imboro

ceja

ingohe

pelo

umushatsi

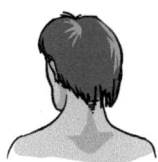

cuello

izosi

hospital
ibitaro

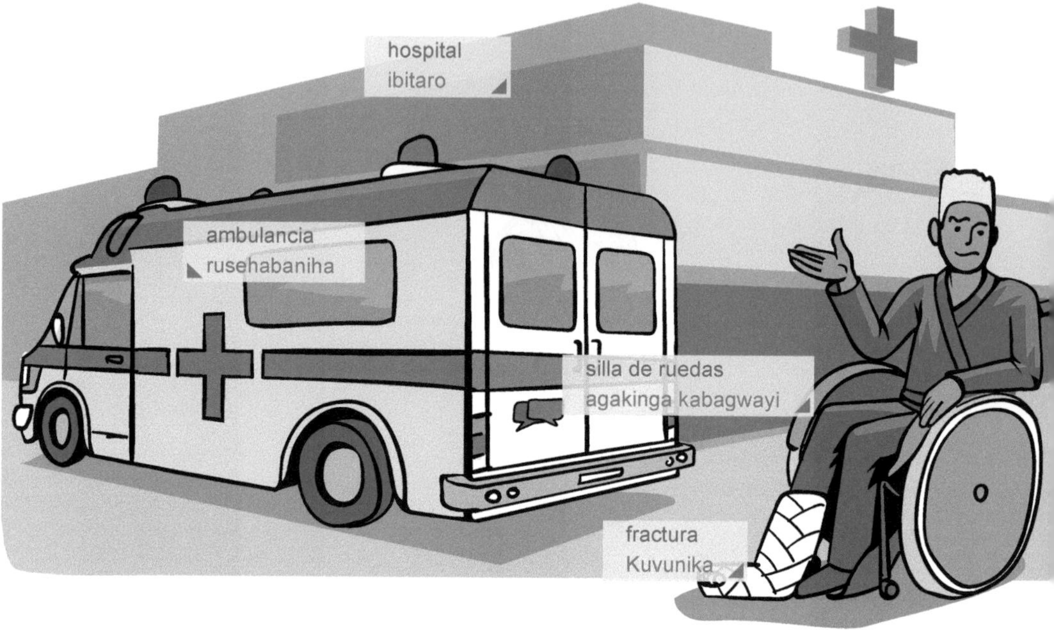

hospital
ibitaro
ambulancia
rusehabaniha
silla de ruedas
agakinga kabagwayi
fractura
Kuvunika

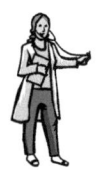

médico

umuganga

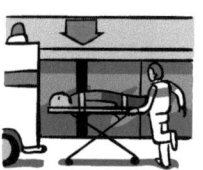

sala de guardia

mundembe

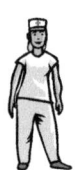

enfermera

umuforomokazi

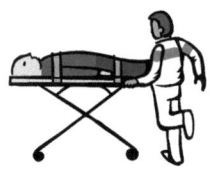

emergencia

irijanse

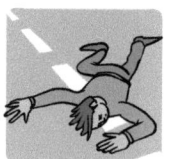

inconsciente

guta ubwenge

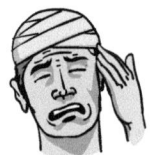

dolor

ububabare

lesión

igikomere

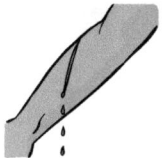

hemorragia

kuva amaraso

infarto

uguhagarara k' umutima

ACV

kuvira indani

alergia

guhurirwa

tos

inkorora

fiebre

ubushuhe bw'umubiri

gripe

giripe

diarrea

gucibwamwo

dolor de cabeza

kumeneka umutwe

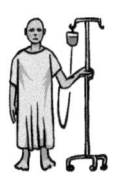

cáncer

Kanseri

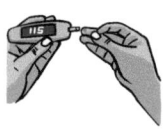

diabetes

Diyabeti

cirujano

muganga ajejwe kubaga

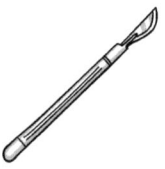

bisturí

akuma ka muganga ubaga

operación

kubagwa

TC

sikaneri

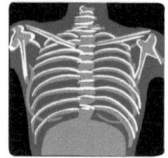

rayos x

radiyografi

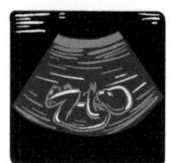

ecografía

ekografi

barbijo

masike

enfermedad

indwara

sala de espera

aho kurindirira

muleta

icishimikizo

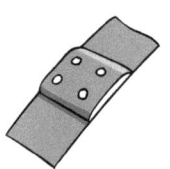

curita

gufuka igikomere

venda

gufuka igikomere

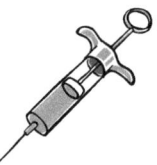

inyección

gutera urushinge

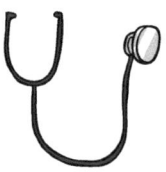

estetoscopio

icuma cumviriza amahaha
n'umutima

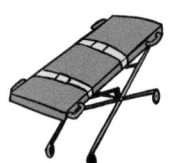

camilla

ingovyi

termómetro

igipima umuriro w' umubiri

nacimiento

kuvuka

sobrepeso

umuvyibuho urengeje

audífono

igifasha umuntu kumva neza

desinfectante

imiti y' ibikomere

infección

kwandura

virus

umugera

VIH / SIDA

umugera wa sida

remedio

ubuvuzi

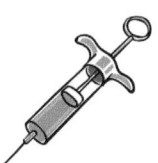

vacunación

guhabwa urucanco

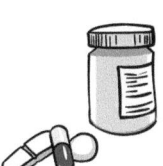

comprimidos

ibinini

pastilla anticonceptiva

ikinini mbonezamvyaro

llamada de emergencia

telefone itabaza

tensiómetro

igipima umuvuduko w' amaraso

enfermo / sano

arwaye / akomeye

hospital - ibitaro

¡Ayuda!
muntabare!

alarma
ikengere

agresión
igitero

ataque
igitero

peligro
ibihe bikomeye

salida de emergencia
icanzo

¡Fuego!
umuriro!

matafuego
ikizimyamwoto

accidente
isanganya

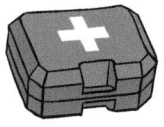

botiquín de primeros
auxilios
isanduku y' ubutabazi

SOS
ubutabazi

policía
igipolisi

Europa

Buraya

América del Norte

Uburaruko bw' amerika

América del Sur

Ubumanuko bw' amerika

África

Afurika

Asia

Aziya

Australia

Ositarariya

Atlántico

ibahari y' Antalantika

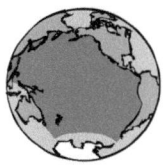

Pacífico

ibahari ya Pasifika

Océano Índico

ibahari y' Ubuhinde

Océano Antártico

ibahari y' Antaragitika

Océano Ártico

ibahari y' Aragitika

polo norte

Uburaruko bw' umubumbe
w' isi

polo sur

Ubumanuko bw' umubumbe
w' isi

Antártida

antaragitika

Tierra

isi

tierra

isi

mar

ibahari

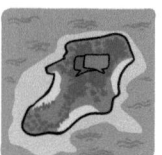

isla

izinga

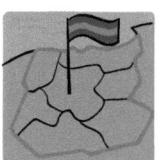

nación

igihugu

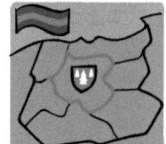

estado

reta

esfera

aho barabira isaha

manecilla de las horas

urushinge rw' amasaha

minutero

urushinge rw' iminota

segundero

urushinge rw' amasegonda

¿Qué hora es?

ni gihe ki?

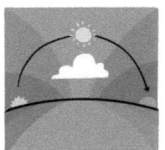

día

umunsi

hora

igihe

ahora

ubu nyene

reloj digital

isaha ya electronique

minuto

umunota

hora

isaha

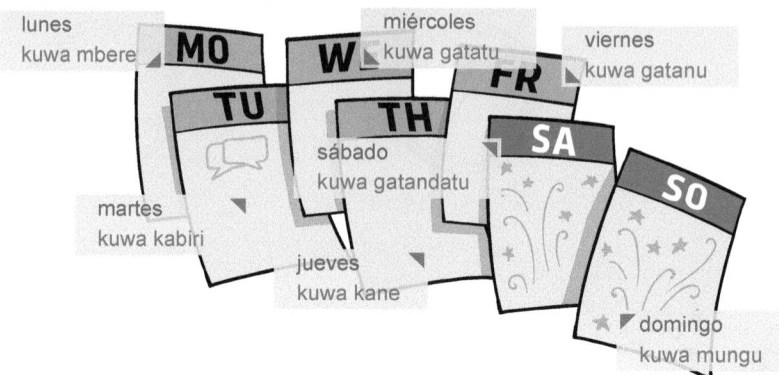

lunes
kuwa mbere

miércoles
kuwa gatatu

viernes
kuwa gatanu

sábado
kuwa gatandatu

martes
kuwa kabiri

jueves
kuwa kane

domingo
kuwa mungu

ayer

ejo haheze

hoy

ubunyene

mañana

ejo hazoza

mañana

mu gatondo

mediodía

sasita

tarde

ku mugoroba

MO	TU	WE	TH	FR	SA	SU
1	2	3	4	5	6	7
8	9	10	11	12	13	14
15	16	17	18	19	20	21
22	23	24	25	26	27	28
29	30	31	1	2	3	4

días hábiles

iminsi y' ibikorwa

MO	TU	WE	TH	FR	SA	SU
1	2	3	4	5	6	7
8	9	10	11	12	13	14
15	16	17	18	19	20	21
22	23	24	25	26	27	28
29	30	31	1	2	3	4

fin de semana

weekende

año

umwaka

arco iris
umunywamazi
lluvia
imvura
nieve
urubura
viento
umuyaga
primavera
igihe c' umwaka bita printemps
otoño
igihe c' umwaka bita Automne
verano
ici
invierno
igihe c' umwaka bita hiver

4.APRIL 11°
5.APRIL 4°
6.APRIL 13°
7.APRIL 8°
8.APRIL 10°

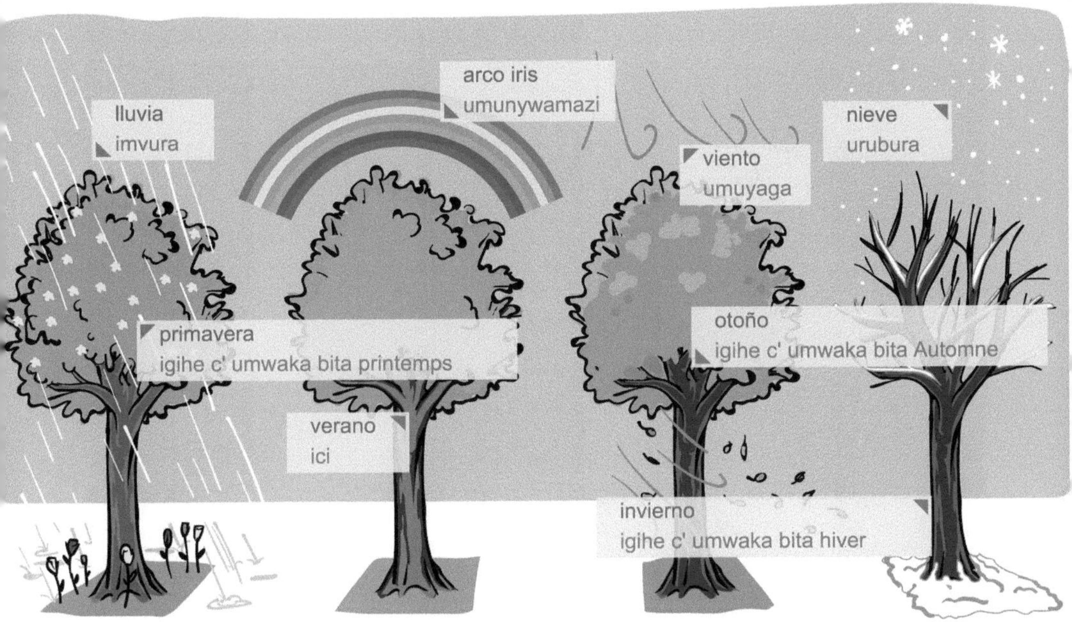

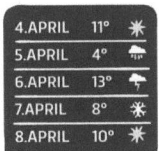

pronóstico meteorológico

ikirangabihe

F C
120 90 60 30 0 -30
40 30 20 10 0 -10 -20

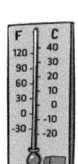

termómetro

igipima ubushuhe bw' umubiri

luz del sol

ubuseruko bw' izuba

nube

igicu

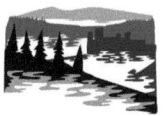

niebla

igipfungu

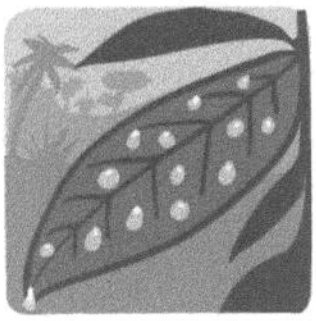

humedad

ifira

rayo

umuravyo

trueno

inkuba

tormenta

igihuhusi

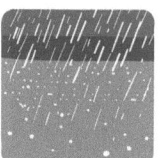

granizo

urubura

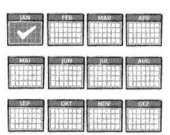

monzón

igihuhusi bita mousson

inundación

umwuzure

hielo

ibarafu

enero

nzero

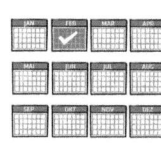

febrero

ruhuhuma

marzo

ntwarante

abril

ndamukiza

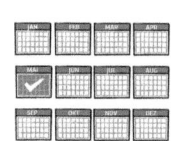

mayo

rusama

junio

ruhenshi

julio

mukakaro

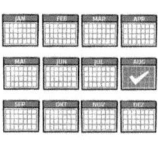

agosto

myandagaro

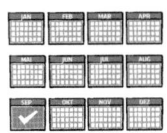

septiembre
....
nyakanga

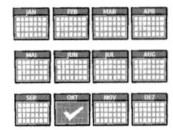

octubre
....
gitugutu

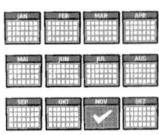

noviembre
....
munyonyo

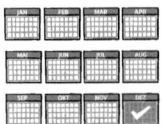

diciembre
....
migarama

formas
forume geometrike

círculo
....
umuzingi

cuadrado
....
ikwadarato

rectángulo
....
urikiramende

triángulo
....
inyabutatu

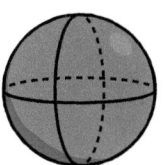

esfera
....
umubumbe

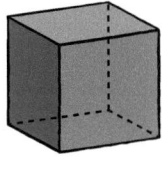

cubo
....
agasandugu

blanco
....
ibara ryera

amarillo
....
ibara ry' umuhondo

naranja
....
ibara risa n' umucungwe

rosa
....
ibara rya rose

rojo
....
ibara ritukura

violeta
....
ibara rya mauve

azul
....
ibara ry' ubururu

verde
....
ibara ry'icatsi kibisi

marrón
....
ibara ry' igihogo

gris
....
ibara rya gris

negro
....
ibara ryirabura

mucho / poco

vyinshi / bikeyi

enojado / tranquilo

washavuye / utekereje

lindo / feo

mwiza / mubi

principio / fin

intanguriro / iherezo

grande / chico

kinini / gitoyi

claro / oscuro

gikeye / cijimye

hermano / hermana

musaza w' umuntu / mushiki w' umuntu

limpio / sucio

gisukuye / gicafuye

completo / incompleto

gikwiye / gicagatiye

día / noche

umunsi / ijoro

muerto / vivo

wapfuye / ariho

ancho / angosto

cagutse / caga

comestible / no comestible

....

kiryoshe / kibishe

malo / amable

....

umutima mubi / umutima mwiza

entusiasmado / aburrido

....

anezerewe / arambiwe

gordo / flaco

....

kivyibushe / conze

primero / último

....

cambere / canyuma

amigo / enemigo

....

umugenzi / umwansi

lleno / vacío

....

cuzuye / kiri gusa

duro / blando

....

kigumye / coroshe

pesado / liviano

....

kiremereye / gihwahutse

hambre / sed

....

inzara / inyota

enfermo / sano

....

arwaye / akomeye

ilegal / legal

....

cemewe n'amategeko / kitemewe n'amategeko

inteligente / estúpido

....

incabwenge / ikijuju

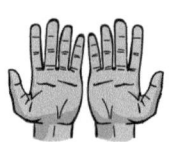

izquierda / derecha

....

ibubamfu / iburyo

cerca / lejos

....

hafi / kure

nuevo / usado

gishasha / gishaje

nada / algo

ntaco / kiriho

viejo / joven

umutama / urwaruka

encendido / apagado

kwatsa / kuzimya

abierto / cerrado

kugurura / kugara

silencioso / ruidoso

gitekereje / gifise urwamo

rico / pobre

umutunzi / umukene

correcto / incorrecto

nivyo / sivyo

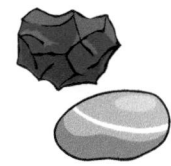

áspero / suave

kigoramye / kigororotse

triste / contento

ashavuye / anezerewe

corto / largo

kigufi / kirekire

lento / rápido

kigenda bukebuke / kinyaruka

mojado / seco

gitose / cumye

caliente / frío

gishushe buhoro / gikanye buhoro

guerra / paz

intambara / amahoro

0

cero

ubusa

1

uno

rimwe

2

dos

kabiri

3

tres

gatatu

4

cuatro

kane

5

cinco

gatanu

6

seis

gatandatu

7

siete

indwi

8

ocho

umunani

9

nueve

icenda

10

diez

cumi

11

once

cumi na rimwe

12

doce

cumi na kabiri

13

trece

cumi na gatatu

14

catorce

cumi na kane

15

quince

cumi na gatanu

16

dieciséis

cumi na gatandatu

17

diecisiete

cumi n' indwi

18

dieciocho

cumi n' umunani

19

diecinueve

cumi n' icenda

20

veinte

mirongo ibiri

100

cien

ijana

1.000

mil

igihumbi

1.000.000

millón

umuriyoni

idiomas

indimi

inglés

Icongereza

inglés americano

Icongereza co muri Amerika

chino mandarín

Mandare kivugwa mu bushinwa

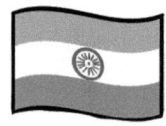

hindi

Igihinde

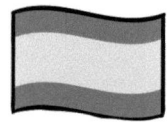

español

Ikispaniya

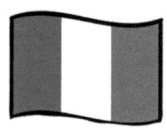

francés

Igifaransa

árabe

Icarabu

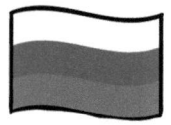

ruso

Ikirusiya

portugués

Igiporitigare

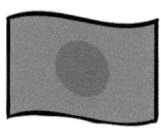

bengalí

Ikibengare

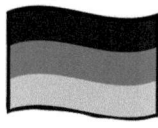

alemán

Ikidage

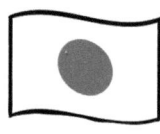

japonés

Ikiyapani

yo

jewe

vos

wewe

él / ella

we / we / co

nosotros

twebwe

ustedes

mwebwe

ellos

bo

¿quién?

inde?

¿qué?

iki?

¿cómo?

gute?

¿dónde?

hehe?

¿cuándo?

ryari?

nombre

izina

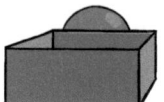

detrás

inyuma ya

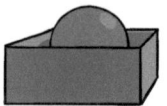

en

indani ya

adelante de

imbere ya

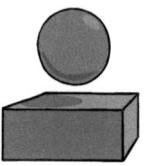

por encima de

hejuru ya

sobre

ku

debajo de

munsi ya

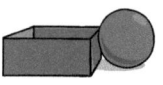

al lado de

mu mbavu ya

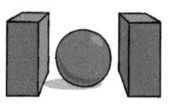

entre

hagati ya

lugar

ikibanza